Girlfriends

Vera P. Zhelikhovskaya

Подруги

Вера П. Желиховская

Girlfriends

ISNB: 978-1-60444-891-7

Подруги

© Индоевропейских Издание , 2018

ISNB: 978-1-60444-891-7

ПОДРУГИ

повесть для юношества

Глава I

У себя

Большие парадные покои в доме генерала Молохова с утра приводились в порядок; свечи вправлялись в люстру, бра и канделябры всех величин; в корзинах у окон гостиных, на консолях и в углах большой залы расставлялись цветы, букеты и группы высоких растений. Было семнадцатое сентября, день именин хозяйки дома и падчерицы её Надежды. Софья Никандровна Молохова ждала вечером множество гостей; она давала бал не столько по случаю своего ангела, сколько потому, что Наденьке в тот же день минуло шестнадцать лет, и она непременно желала отпраздновать её совершеннолетие с особым торжеством. Так она рассказывала своим знакомым, таинственно добавляя на ухо некоторым:

— Вы понимаете, что я не так бы старалась для родной своей дочери, но Наденька такая нелюдимка, такая бука, что меня, пожалуй, обвинят в том, что я её не приучаю к обществу... Ведь, знаете, мачехи всегда виноваты во мнении сердобольных тетушек и бабушек!.. Меня, я знаю, родство покойной госпожи Молоховой и без того недолюбливает и винит в том, что Надежда Николаевна воспитывалась не дома, а виновата ли я, что с ней ни одна гувернантка не уживалась?.. Вот и теперь: кончила прекрасно курс, с золотой медалью, чего же лучше?.. На что ей восьмой класс?.. Что она, по урокам, что ли, будет бегать? Из-за куска хлеба биться?.. Баловство одно! Рисовка одна только!.. А меня, поди, тоже винить станут, что я не вывожу взрослую девушку... А я что же поделаю, когда она не только о выездах, даже о приличных туалетах слышать не хочет? Заладила свою форму и в будни, и в праздники, и ничем её не переупрямишь!... Характерец, я вам скажу! Не дай Бог!.. Что я с ней горя терплю – одна я знаю.

Так жаловалась Софья Никандровна своим близким, и все её друзья качали головами и сожалели о её неприятном положении и о тяжелом нраве её падчерицы.

В тот самый вечер, когда у Молоховых шли деятельные приготовления к вечернему приему, – приготовления, в которых родная дочь Софьи Никандровны, Полина, принимала самое горячее участие, Надежда Николаевна, по-видимому, не обращала ни малейшего внимания на общую суету. С трудом удалось ее вытянуть утром в гостиную для приема гостей, которые не переставали подниматься по устланной коврами лестнице в роскошно убранную маленькую приемную госпожи Молоховой (большие были заперты ради особо эффектного убранства их к вечеру); с трудом высидела она обед en famille[1], который все же, благодаря наружному этикету, введенному хозяйкой дома, был довольно церемонный, и тотчас же удалилась в свою уютную комнатку, куда поджидала двух гостей, – единственных ей дорогих и желанных: свою кузину Веру Алексеевну Ельникову и Машу Савину, любимую подругу свою по гимназии. Вера Алексеевна была гораздо старше Нади, служила учительницей в той самой гимназии, где кончила курс, но они были очень дружны, хотя Ельникова не любила семьи своего дяди и не бывала почти никогда у госпожи Молоховой. Савина тоже никогда не бывала гостьей в доме генеральши. Эта смуглая, миниатюрная, вечно занятая девушка была всего лишь на несколько месяцев старее своей подруги, но казалась гораздо старше её, потому что ранние лишения и заботы уже провели преждевременную морщинку между её черными бровями и на вид сделали ее неприветливой и слишком серьезной. Она дичилась и сторонилась от всех, кроме близких ей людей, которых было очень мало. Генеральша невзлюбила ее с первого взгляда и очень тяготилась её посещениями. Савина, впрочем, и сама их боялась и, несмотря на настойчивые просьбы Нади, предпочитала видеться с ней в гимназии, в своей крошечной комнатке в квартире матери, а более всего у Веры Алексеевны, где они втроем проводили самые веселые часы. Однако, в этот день они провели отлично время в комнате Надежды Николаевны, которую та тщательно оградила от вторжения своих меньших сестер и братьев. Она угощала своих гостей шоколадом, фруктами и конфетами и совсем было позабыла о неприятных вечерних обязанностях, если б о них ей не напомнила сестра её Полина, постучавшись в запертую дверь и закричав весьма пронзительным голоском, что пора одеваться, что maman причесывает уже парикмахер, что сейчас и их, Полину и Риадочку, позовут завиваться и что maman велела спросить у неё, не хочет ли и она, чтоб ее причесал парикмахер.

---

[1] в семье.

– Нет, спасибо, – смеясь, отвечала через двери Надя. – Я сама оденусь и причешусь; мне никого не надо!

– Ну, как хочешь! – отвечала Полина. – Только мама приказала, чтобы ты, как будешь готова, пришла ей показаться. Слышишь?.. Непременно!..

– Слушаю-с. Непременно!.. – насмешливо-недовольным голосом отозвалась старшая сестра. – А теперь иди себе с Богом, тебе пора завивать свои локоны.

Она посмотрела на золотые прелестные часы, подаренные ей в этот день отцом. Всего только восьмого половина: "До десяти я успею пятьдесят раз одеться", – подумала она.

За дверьми раздался смех и восклицание, судя по тону, весьма не лестное для Надежды Николаевны, и Полина удалилась быстрой походкой, свойственной её живой и юркой натуре.

– Зачем ты так недружелюбно обращаешься с сестрой? – заметила Ельникова Наде. – Ведь она только передала слова матери, а Софья Никандровна о тебе же заботится...

– Ах, Верочка, оставь! Ты не знаешь... Ведь это все лицемерно, чтоб пред вами порисоваться и в то же время выведать, что мы здесь делаем?.. Не даром же я на ключ двери заперла. Я знала, что без этого не обойдется!..

– А мне, право, кажется, что ты преувеличиваешь. Тебе самой жилось бы лучше, если б ты не портила так отношений к мачехе и её детям.

– Ну, про то мне знать! – со сдержанным вздохом возразила Надя. Но в ту же минуту, спохватившись, что резко ответила Вере Алексеевне, обняла ее одной рукой, крепко поцеловала в щеку и продолжала: – Душечка, я, право, не злая и рада была бы, чтоб все иначе было... Но ничто меня не возмущает так, как ложь, а в Софье Никандровне – все лживо, все напускное и деланное! Я бы никогда не могла с ней сойтись лично, но может быть еще ладила бы как-нибудь, если б не эти несчастные дети! Как их ведут? Среди чего они растут?.. Это заставляет меня ненавидеть эту женщину!

– Очень скверное чувство! – серьезно сказала Ельникова. – Этим дела не поправишь, и тебе такое отношение к семье не приносит чести. Лучше бы старалась противопоставить свое доброе влияние...

– Ах, полно, пожалуйста! – сердито прервала молодая девушка. – Легко говорить вчуже... Будто бы я не люблю этих детей и не перепробовала все, что в моей власти?..

– Не власть нужна, а любовь, – настойчиво перебила Вера. – Власти у тебя, – ты не можешь жаловаться! – в отцовском доме довольно. Потому-то я и простить тебе не могу твоих отношений к сестрам. Если б их умела привязать к себе, так могла бы очень быть им полезна.

– Очень! Нечего сказать... Пробовала я... Про брата и Аполлинарию Николаевну и говорить нечего: они с рождения сами себе и всему дому господа; я от них никогда доброго слова не слыхивала. Да и с Ариадной Николаевной, как ни старалась дружить, ничего не выходит! Риада вся под влиянием этой лицемерки m-lle Наке. Клавдя, хоть и нелюбимая, а тоже бедовая, своевольная, капризная девчонка... Все три так избалованы, что к ним и подступиться страшно... Только бедная маленькая Фимочка любит меня, потому что больная; все ею тяготятся, так она, бедняжка, и льнет ко мне... Да и то, вероятно, скоро влияние старших сестриц и братца на ней скажется. Ариадна и Клава прежде тоже были гораздо лучше, добрее, послушней, а как только подходят к десяти годам – и начинают выказывать фамильные черты маменьки.

– Перестань, Надя! Право, мне это неприятно... Я особой дружбы к твоей мачехе не имею, – ты это знаешь; но нахожу, что с твоей стороны бестактно, даже недобросовестно постоянно ее бранить...

– А ты хотела бы, чтоб я лучше воспевала ей гимны? Уж извини: лгать не умею!..

– Я и не хочу, чтобы ты лгала, но... На все мера и манера. Гимнов незачем воспевать, но без нужды не нужно и осуждать её недостатков. Можно просто помолчать... Хотя из любви к отцу.

– Из любви к нему я во многом себя ломаю и даже часто сама грешу против своей совести, но с вами-то уж двумя, кажется, мне незачем притворяться... Полно тебе читать нравоучения, Вера; мы тут с тобой не ученица с наставницей, а сестры!

И она еще раз поцеловала кузину, схватив ее за талию и, насильно повернув ее кругом себя, смеясь, повалила на диванчик, воскликнув:

– Извольте смирно сидеть, назидательная азбука!

Ельникова смеялась, качая головой. Улыбалась, глядя исподлобья на эту сцену, и другая гостья, Маша Савина, во все время последнего разговора не проронившая ни слова из уважения к Вере Алексеевне столько же, сколько из любви к своей подруге, на стороне которой она была всегда и во всем.

Надежда Николаевна, усадив таким образом свою родственницу, схватила с окна глиняный цветочный горшок с прекрасно распустившимся кустом ландышей, прижала его к груди и, вдыхая его аромат, воскликнула:

– Ах, прелестный мой цветок!... Ничего так не люблю, как ландыши!.. Все сегодняшние подарки никуда не годятся в сравнении с вашими двумя.

– Ну, где же сравнивать цветок, от которого через неделю следа не останется, с прекрасными вещами, какие ты получила от своих родных!.. Книга Веры Алексеевны – другое дело.

4

– Напротив, Манечка, – отозвалась с своего дивана Вера Алексеевна. – По времени года, ваш подарок очень редкая и ценная вещь. Я удивляюсь, где вы могли его достать?

– Я просила брата Пашу мне взрастить. Ведь он служил при казенном саде, садоводству учится, – очень тихо отвечала Савина, почему-то покраснев.

– Славный мальчик! – вскричала Надя. – Какой он красавец! Ты видела его, Верочка?

– Пашу? Да!.. Нынешней весной мне привелось быть в оранжереях: Александре Яковлевне хотелось к именинам букет заказать, так он составлял. Мне его главный садовник очень хвалил... Это хорошее ремесло, и выгодное, – похвалила Ельникова.

– Отец ни за что не хотел меньших братьев отдавать в училище, – объяснила Маша, не поднимая глаз. – С тех пор, как со старшим братом, Мишей, так не заладилось, он решил, что ремеслом вернее прокормиться бедным, простым людям...

– Ну, это он напрасно... Один мог с толку сбиться, но это не причина, чтобы и другим...

Ельникова вдруг спохватилась и замолчала, заметив, что Савина низко пригнула голову и побледнела.

– Не надо, Вера Алексеевна! – отрывисто проговорила она, нахмурив брови. – Умер уж ведь... Все поправил...

– Душа моя, да он ни в чем таком виноват не бывал! – поспешила сказать Ельникова. – Это скорее несчастье, чем вина.

– Понятно – несчастье! – прервала ее горячо Надя. – Попал, бедный мальчик, на одну скамью с негодяями; выдавать товарищей не хотел, ну и был вместе с ними исключен. Другим всем ничего: нашли себе место по другим училищам, а Савину пришлось на чужом пиру похмелье терпеть!

– Бедным людям всякое горе – вдвое! Это уж известно, – сказала Маша Савина, – Вот потому-то и незачем нам в высокие хоромы залетать... После того отец и слышать не хотел о том, чтобы меньших братьев в гимназию отдавать. Пашу из первого класса взял и к садовнику в выучку отдал, а Степу прямо в ремесленную школу...

– Отчего же не вместе обоих?

– А не хотел Павел; обидным ему казалось после гимназии: ведь он учился очень прилежно... А к садоводству он большую охоту имел; еще крошечным ребенком все в земле рылся да огороды устраивал... Может, и выйдет толк, – вздохнув, прибавила Савина, – если пошлют его, как обещают, в училище садоводства.

– И наверное выйдет! – убедительно вскрикнула Надя.

5

– Разумеется. Знающих людей у нас по этому делу немного – поддержала ее Ельникова.

– Да, – задумчиво продолжала вспоминать Савина, – дорого поплатился за своих приятелей Миша!.. Так хорошо почти первым кончал курс... И потом, как он терзался!.. Работал за четверых, и в доме, и по грошовым урокам в дырявом пальтишке бегал... Вот и схватил тиф!.. Еще хорошо, что скоро его, беднягу, скрутило: не успел отца разорить на лекарства.

– Не люблю я у вас этого резкого тона, Манечка, – ласково заметила Вера Алексеевна.

– Эх, – горько отозвалась девушка, – будешь резкой, как вспомнишь все, что было перенесено!.. Брат, слава Богу, был без памяти, а потом умер, – ему ничего, а что маме пришлось терпеть?!.. Да и теперь еще...

– Что ж теперь-то?

– Как что?.. Ты не знаешь, Верочка, – оживленно заговорила Надя, – ведь старик совсем изменился со смерти сына: бедную Марью Ильиничну поедом с утра до ночи ест, – все в том, что сын так покончил; ее упрекает и в том, что, будто бы, и с Маней то же самое будет...

– Это он с чего взял?

– А вот, изволишь ли видеть, потому что Маня в шестом классе два года оставалась, а того не берет в расчет, что она целую зиму почти в классах не бывала, потому что за больной матерью ухаживала и всю домашнюю работу справляла!.. А теперь?.. Я даже удивляюсь, когда она находит время уроки готовить... Ведь она, как вернется из гимназии, завалена делом: до полуночи сидит – за отца бумаги переписывает. Прежде он сам это делал, а теперь часто болеет, и глаза стали плохи, так он дочь в свое дело впрягает. А ведь если бы Маня теперь в уроках поотстала, он ее одну обвинял бы...

– Ну, этого, благодаря Бога, нет; Савина на отличном счету.

– Да, хорошо, что Бог ей сил посылает...

– Теперь отец добрее стал. Это три года тому назад, как с братом несчастье случилось, он и рвал, и метал. Ведь насилу мы с мамой его умолили оставить меня доучиваться!

– Да, я помню. Это уж благодаря Александре Яковлевне уладилось, ей вы обязаны, Маня...

Глава II

Сиротка

Часы пробили восемь.

– О, однако прощай, Наденька! – поднялась Ельникова. – Пора тебе одеваться, а нам с Савиной по домам: завтра ведь не праздник.

– Да и мне не праздник: точно так же в восемь часов буду в классе...

– Неужели придешь?

– Понятно, приду. Хоть бы Софьи Никандровны гости меня до пяти часов утра продержали, я все-таки не опоздаю: прямо из бального в форменное платье наряжусь и – в поход!

– Формалистка! – засмеялась Ельникова. Она видимо любовалась своей кузиной и, взяв одну из её тяжелых кос, сказала: – Экие волосы у тебя богатые! Прелесть!..

– Ах, Бог мой! – вскричала Надя, – хорошо, что похвалила, а то у меня совсем из ума вон: ведь ты же должна меня причесать, Верочка, а то мне опять достанется, если я осмелюсь выйти, как всегда, со спущенными косами. Сооруди мне, пожалуйста, какую-нибудь каланчу во вкусе её превосходительства... Ты такая мастерица...

– А ты не можешь без злости обойтись!.. Не стоила бы ты, ну, да уж так и быть! Садись к туалету скорей... Савина, посветите, душа моя, я мигом ее причешу!

И Вера Алексеевна принялась умелыми руками хозяйничать в густых прядях темно-русых Надиных волос.

Савина, державшая свечку за спиной Надежды Николаевны, казалась совсем миниатюрной возле них обеих. Она была не более как по плечо Ельниковой. Издали, в её обтянутой черной кофточке и с обрезанными вьющимися темными волосами, ее легко было принять за мальчика. В худеньком её смуглом личике ничего не было выдающегося, кроме темно-карих, почти черных глаз, очень печально смотревших на весь Божий мир. Взгляд их прояснялся редко; почти исключительно, когда она смотрела на своих маленьких братьев или на подругу свою, Надю Молохову, которая имела дар вызывать улыбку на вечно озабоченное лицо Савиной, а в сердце её – теплое чувство доверия и надежды на лучшее. Какой красавицей казалась ей Надя! Для Маши не могло быть в мире большего совершенства, как эта белая, румяная, статная девушка!.. Один взгляд её больших темно-серых глаз, одна веселая улыбка – снимали горе и заботы с

7

сердца бедной маленькой труженицы. Не было таких подвигов и жертв, на которые не покусилась бы Савина, если б они были нужны её подруге; но она не подозревала, что эта обожаемая ею подруга, так беспечно, по-видимому, и подчас даже требовательно смотревшая на жизнь, сама была готова для неё на многое. В основании характера Молоховой было гораздо более глубины и силы, нежели выказывала её открытая, беспечная наружность; гораздо менее эгоизма и суетности, чем можно было бы ожидать от богатой, балованной отцом девочки, взросшей в такой роскошной и, вместе, беспорядочной до неряшливости среде, как семья Молоховых.

Дело в том, что она в раннем детстве получила другое направление, видела другие примеры, жила с людьми, которые оставили неизгладимое впечатление в уме и сердце её. Когда Надя, после смерти своей бабушки Ельниковой, у которой они росли вместе с Верой Алексеевной, попала в семью своего отца, все ей показалось в ней дико и несообразно. Она привыкла, рано вставать, привыкла к порядку, к занятой, тихой жизни, а её брат и сестры вставали, когда им было угодно, росли в руках бонн и гувернанток, менявшихся беспрестанно, почти всегда предоставлявших детей одной прислуге, исчезая на целые часы из дому вместе с хозяйкой его. Отца своего, вечно занятого службой, Надя видела раз в день, а мачеху нередко по неделям не видывала: та и родных детей своих иногда не посещала по целым дням. Софья Никандровна была не злая женщина и по-своему любила детей; но она еще больше любила себя и ставила выше всего, особенно в то время, свои светские обязанности, общество, выезды, приемы и наряды, которым отдавала все свое время. Она сама была из очень богатой купеческой семьи. Из плохонького пансиона, по семнадцатому году, она попала, тоже сиротой, без матери, в дом своей бабушки, простой строгой женщины, очень крутого и своеобычного права. Старуха держала в руках весь дом, начиная с седоволосого сына, который пред матерью и пикнуть не смел. Если бы Софья Никандровна жила постоянно с ними, она никогда не была бы отдана на воспитание во французский пансион; это устроила мать её, умершая за несколько лет до окончания ею учения. Когда же старуха Соломщикова, передав зятю управление ситцевой фабрикой, которой сама всю жизнь распоряжалась, переехала на житье к сыну, внучка её только что вернулась домой, мечтая о выездах, балах и всяких удовольствиях. Но бабушка круто повернула все по-своему и разрушила все её надежды, заперев ее в четырех стенах и никуда не выпуская, кроме церкви. За эти три-четыре года характер Софьи Никандровны очень испортился, а врожденные льстивость и лицемерие сильно развились необходимостью задабривать бабушку и скрывать от неё многое. Ничего нет удивительного, что, раз вырвавшись на волю из-под опеки, она повела совсем иную жизнь. Но, ожидая еще многого от богатой бабушки, "генеральша", – так все в отцовском доме называли госпожу Молохову, – с ней не ссорилась. Напротив, она старалась ей поблажать: скрывала свою чересчур суетную жизнь, уверяя, впрочем, старуху, что она делает уступку желаниям мужа и требованиям общества, в которое попала чрез него. Вообще она во многом играла двойную игру, и падчерица недаром невзлюбила её за это.

С первого же года Наденька Молохова стала томиться в новой обстановке, среди беспорядка в родительском доме. Сначала Софья Никандровна задумала было сделать из хорошенькой десятилетней девочки вывеску своей материнской нежности и доброты. Она наряжала её и хотела держать напоказ в своей гостиной или катать в своей коляске, чтоб все видели, как она добра к этой "бедной маленькой сиротке"... Но "бедная сиротка" оказалась гораздо развитее, сметливее и характернее, чем ожидала того её мачеха: она сразу протестовала против этих выставок так же, как и против роскошных нарядов, к которым у бабушки не привыкла, которые её стесняли. Еще сильнее восстала она против деспотизма гувернантки, приставленной к ней по выбору мачехи. Надя, по привычке, говорила все, что было на уме, вычурной парижанке, приходившей в ужас от её дурных манер и невоспитанности; она не считала нужным слушаться гувернантки в том, что казалось ей дурно и несправедливо. Девочка открыто и смело восстала против неё и прямо направилась к отцу, улучив время, когда он был один.

– Папа, – заявила она, – найди мне другую гувернантку. Я этой не буду слушаться. Она злая, она бьет Марфушу, и меня хотела прибить за то, что я сказала правду. Бабушка велела мне всегда всем говорить правду, а она требует, чтоб я говорила, что я больше люблю maman, твою жену, чем любила бабушку и Верочку. Я этого не могу! Я не хочу лгать и – не буду её слушаться...

Николай Николаевич сначала смеялся, пробовал урезонить свою дочку; но та стояла на своем. Вскоре непригодность гувернантки стала очевидной и для Софьи Никандровны, и она её отпустила. Но и с другими наставницами дело пошло не многим лучше: выходили беспрестанные неприятности. Надя сердилась на них, жаловалась отцу, даже плакала, хотя это не было в её привычках. Само собой разумеется, что и она сама была во многом виновата. Предубежденная из-за своей первой гувернантки, она заранее была раздражена и несправедливо относилась ко всем остальным. Она умоляла отца, чтоб он позволил ей ходить в гимназию, куда Ельникова уже поступила в то время учительницей; учиться у своей милой Верочки, у Александры Яковлевны, начальницы гимназии, которую Надя заранее любила потому, что её любила Верочка и

9

рассказывала ей, как они были хорошо знакомы с её родной милой умершей мамой. Кончилось тем, что Надя, после одной сцены с последней гувернанткой, m-lle Наке, жившей еще у них и теперь, – сцены, за которую мачеха ее строго наказала, крепко заболела, и отец, испугавшись дальнейших последствий, сдался на просьбы её и советы племянницы и определил ее в гимназию. Там Надя скоро освоилась и пошла прекрасно; она была почти во всех классах первая, до последнего, в котором окончила с золотой медалью. В восьмом, педагогическом, классе она осталась против воли мачехи, заявив ей гораздо резче, чем следовало, что ей необходимо добыть себе права учительницы. Софья Никандровна разобиделась не на шутку, и надо сознаться, что на сей раз она была права. Узнав об этой сцене, Вера Александровна, не обинуясь, заявила своей кузине, что она обязана извиниться пред мачехой, что Надя и исполнила, скрепя сердце, но тем не менее осталась в гимназии. Однако, чувствуя сама свою вину, молодая девушка старалась в последнее время делать некоторые уступки. Так, она безропотно покорились желанию мачехи отпраздновать её совершеннолетие и даже, скрывая неудовольствие, приняла от неё в подарок дорогой наряд и нитку прекрасного жемчуга, которые должна была обновить сегодня.

Очень миловидна была в этом бальном туалете Надежда Николаевна, а Савиной она показалась красавицей... Через полчаса она уже стояла готовая, благодаря свою кузину и окончательно прощаясь с обеими своими гостями, когда в дверь, оставленную незапертой вошедшей горничной её, Марфушей, вбежала, с хорошеньким букетом в руках, её вторая сестра, десятилетняя Ариадна. Увидев посторонних, девочка сейчас же замедлила походку, сделала реверанс и, не поднимая ресниц, обратилась к сестре с самым официальным видом и сказала по-французски:

– Maman вас просит сделать ей удовольствие взять этот букет. Она заказала его нарочно для вас...

– Сколько раз я тебя просила, Риада, говорить со мной просто, без этих вычурностей, во вкусе m-lle Naquet! Говори по образчикам её красноречия с другими, если уж это нравится твоей гувернантке, а со мной, пожалуйста, объясняйся проще, – заметила Надя.

Девочка подняла вверх брови и высокомерно возразила:

– Я не умею говорить иначе, нежели говорят в порядочном обществе. Я, кажется, ничего не сказала необыкновенного...

– А я тебе скажу, что ты и теперь, и всегда необыкновенно говоришь и держишь себя, как кукла на сцене марионеток!.. – вспыльчиво вскричала Надежда Николаевна. – Уж не знаю, что за манерную дуру ты сделаешь наконец из себя, если за ум не возьмешься и не отучишься от своих претензий!

Вера Алексеевна сжала ей руку, но она не заметила этого предостережения и, выведенная из себя еще больше презрительной гримасой Риады, продолжала:

— Да! Да! Нечего пожимать плечами!.. Если б ты не была маленькая дурочка, ты бы сама понимала, как смешно девочке твоих лет напускать на себя такой тон и важничать, как ты важничаешь. Дай сюда цветы... Скажи маме, что я благодарю ее... Иди!

Ариадна молча отвернулась и с презрительной улыбкой на высоко вздернутом личике пошла было к дверям, но вдруг, словно опомнившись, повернулась и снова отпустила самый изысканный реверанс, промолвив:

— Je vous salue, mesdemoiselles![2]

Движение это и натянутое выражение её детского личика были так комичны, что все три девушки невольно рассмеялись. Ельникова, впрочем, тотчас же закусила губы, тогда как смех Нади оборвался на злобной нотке и она раздражительно вскричала вслед исчезнувшей сестре:

— Комедиантка!.. Совершенная Пимперле!.. Ах, как она меня бесит!

— Да, жеманная девочка, — согласилась Вера.

— И пресмешная, — прибавила Савина. — Неужели ее этому учат?

— Да нет, положим, никто особенно не учит, — отвечала Надя, — m-lle Наке, правда, очень чопорна и церемонна, но ведь не сделала же она такой марионетки из Поли или Клавы!.. Это уж врожденная склонность у этой глупой девчонки.

— А Софье Никандровне это нравится?

— О, еще бы!.. Она величается такой бонтонной дочкой. Ах, вот еще напасть — эти цветы держать в руках полсуток!.. А надо взять!.. Не хотелось бы сегодня огорчать папу неудовольствием его супруги.

— Разумеется!.. Да и что ж тут неприятного? Букет не тяжел и очень хорошенький, а ты же любишь цветы...

— Я очень люблю их, но не в таком изуродованном виде.

— Ну, чтоб тебе было приятней на них смотреть, — предложила Савина, — хочешь я вложу в букет несколько ландышей?

— О, ни за что на свете!.. Вот еще, губить ландыши!.. Испортить в два-три часа цветок, которым можно любоваться две недели? Спасибо тебе, Маша!

— Да я для тебя же, — смеялась Савина.

— Ну, пойдемте, пора!.. Прощай, Надя! Желаю тебе много танцевать и веселиться.

---

[2] Приветствую вас, дамы!

11

– Уж без сомнения! – насмешливо согласилась Молохова.

– А главное: не выходить из себя за всякий вздор, быть снисходительнее к сестрам и вообще добрее, – продолжала шутить Ельникова, уходя.

– Ну, этого обещать не берусь; это гораздо труднее!..

Глава III

Братья и сестры

Она проводила их до боковой лестницы, а потом прошла в комнаты детей. Там царствовал полнейший хаос, особенно в детской, где помещались меньшие дети, Серафима и Виктор.

Здоровый, толстый мальчуган Витя сидел на высоком стуле у стола, на котором дети только что пили чай, но теперь он один оставался полным хозяином; нянька его ушла поглазеть на "барышню", а девочка, приставленная к нему "для забавы", тоже отошла к дверям, откуда смотрела на старших барышень, которых гувернантка и горничные уже разодели в пух и прах для вечернего празднества, где им, по-настоящему, совсем не следовало бы присутствовать.

Витя широко пользовался своим одиночеством. Он налил целые озера молока и чаю на столе, облился сам и радостно взвизгивал, заливаясь смехом каждый раз, как ему удавалось, хлопнув ладонью по остаткам чая в блюдечке, забрызгать им сестру. Шестилетняя Фимочка, хотя на два года старше брата, была однако такая больная и слабенькая, что не могла встать или отодвинуться от него. Она капризно хныкала, пугливо вздрагивала, напрасно стараясь закрыть лицо и голову от всплесков чая. Она радостно встретила сестру, которой пришлось водворять порядок, сильно рискуя свежестью своего бального платья. Надя, впрочем, знала из прежнего опыта, что найдет в детской такой хаос и нарочно зашла сюда, чтобы взглянуть на свою любимицу. Она призвала нянек и мамок к порядку, посидела над больной девочкой, когда ее уложили в постель, убаюкивая ее одной из любимых ею сказок, и когда Фима задремала, она вышла из детской, думая, что надо непременно будет заходить в нее временами в течение ночи...

В пустых, ярко освещенных гостиных она нашла только Полю и Риаду, которые вертелись перед зеркалами, любуясь своими разряженными особами, оправляя локоны и банты на головах и платьях. Гувернантки еще не было с ними: она занималась собственным туалетом. Пользуясь свободой, третья девочка, Клавдия, переходила в столовой, где накрыт был большой стол с угощениями, от одного конца его к другому, будто любуясь его убранством, хрустальными вазами и корзинами с фруктами, конфетами и цветами, но на деле не упускала случая стянуть то конфетку, то сливу или кисточку винограда. Надя не пробыла и минуты в

13

гостиной, как услышала отчаянный крик Клавы. Перепуганная, она прибежала чрез ярко освещённую залу в столовую, догадываясь, что лакомая девочка там, и боясь, чтоб она не опрокинула что-нибудь, не ушиблась бы. Но оказалось другое. За Клавдией уже несколько времени наблюдал из-за дверей залы, не замеченный ею, брат Елладий, лет тринадцати, самый старший из детей госпожи Молоховой. Он не захотел упустить случая помуштровать меньшую сестру. Все сестры боялись его и принимались заранее сердиться и прогонять его, как только он приближался; но с двумя старшими он все-таки был милостивее, тогда как Клавдии, менее любимой матерью, часто приходилось от него терпеть. Увидев, что девочка, спеша, чтобы её не увидели, засунула себе в рот сразу целую сливу, он подкрался к ней и схватил ее пребольно за ухо. Клавдия закричала на весь дом...

Надежда Николаевна, войдя в столовую, увидела, что он немилосердно трясет сестру за ухо.

– Оставь ее! – вскричала она.

Мальчик только глазами вскинул на нее и еще сильнее дернул младшую сестренку, так что она пригнулась к самому полу, вся красная, крича во все горло и заливаясь слезами.

Надя решительно подошла к брату и сказала:

– Если ты сейчас же не оставишь Клавы, я позову отца!

Эти слова подействовали. Мальчик выпустил истерзанное ухо, но, дерзко вздернув голову, проговорил:

– Зачем эту дрянь сюда пустили? Она объела все подносы. Если б я не увидел ее, она бы тут все съела!

– Очень жаль, что ты увидел ее, – возразила сердито старшая сестра. – Совсем не твое дело за ней присматривать, и ты не смеешь бить сестер!

– Не смею? – дерзко рассмеялся Елладий. – Нет, я всегда буду драть ее за уши, чтоб не жадничала и не крала!

– Я ничего не крала! – вопила сквозь слезы Клавдия. – Разве это кража, что я взяла одну сливу?.. Мама сама мне дала бы...

– Нечего оправдываться, Клава! – урезонивала её Надежда Николаевна, отирая ей глаза и приводя в порядок платьице в то время, как брат уходил из комнаты, посмеиваясь и презрительно поглядывая на них обеих. – Что правда – то правда! Ты жадная и непослушная девочка... Попросила бы, тебе бы и дали, а самой распоряжаться здесь нечего...

– А ведь он и сам ел, Елька-то... Я видела, когда вошла... Он ел!.. Все ел!.. Ему можно, а меня, вон, чуть не до крови побил, злюка эдакой!

– Нечего браниться, сама виновата!.. Перестань! Вон, слышишь, кто то приехал? Перестань же, а не то я тебя сведу в детскую и не велю пускать сюда...

14

— Кого это "не пускать"? — спросила, показываясь из внутренних комнат, Софья Никандровна, наконец, привлеченная криком дочери. — В чем дело?.. За что это ты ее так, Надя?.. Сколько раз я говорила, чтобы ты не распоряжалась над моими детьми!

— Вы бы это потрудились приказать Елладию, а не мне, — высокомерно отвечала Надежда Николаевна. — Мне такие замечания не нужны: я никогда не бью детей, а если что либо им замечу, то для их же пользы..

— Надя меня не трогала! — прервала, еще всхлипывая, Клавдия. — Это противный Елька!.. Злой дурак! Негодный...

— Как ты смеешь так бранить брата? — переменила вдруг тон госпожа Молохова, убедившись, что дело шло не о её старших любимцах, а только о Клаве. — Наверное, ты заслужила! Объедалась, верно, десертом, жадная девчонка?.. Пошла в детскую!..

Девочка направилась к дверям, горько заплакав.

— Она уж была наказана, — заступилась Надя. — Елладий надрал ей ухо так, что оно распухло... Не следует позволять и ему так распоряжаться над детьми, тем более, что он сам нисколько не благоразумнее меньших сестер и часто их обижает.

— Пожалуйста!.. Я знаю, что ты ненавидишь брата и рада все на него взвалить... Ах, кажется, звонок, а я еще без перчаток!..

Молохова быстро пошла в свою комнату. Падчерица следовала за ней, говоря:

— Я скажу Клаве, что вы ее простили?.. Пусть ее оправят и пустят сюда... Поля и Риада здесь, за что же ее так наказывать?

— Ах, пожалуйста, не учи меня! — с досадой вскричала мачеха, натягивая перчатки. — Чем о Клавке заботиться, ее оправлять, лучше себя дай оправить. Я еще не осмотрела, все ли в порядке на тебе? Повернись!

— Оставьте, maman, я не ребенок! — решительно возразила Надежда Николаевна.

— Во многом ты хуже ребенка!.. Где же букет?.. Я тебе прислала!

— В столовой... Я возьму... Во всяком случае, если я и ребенок, то не в том, что касается справедливости к детям... Позвольте мне привести в гостиную Клаву...

Вторичный звонок, а за ним еще два сряду прервали их речи.

— Ах, Боже мой, гости!.. И дамы! — вскричала отчаянно Софья Никандровна, застегивая последнюю пуговицу перчаток. — Ах, отстань, Бога ради! Веди кого хочешь, только меня оставь в покое и сама выходи в приличном виде!

И она величественно направилась в приемные покои. Надя посмотрела ей вслед, покачала полунасмешливо, полуукоризненно головой и поспешила пойти утешить и выручить изгнанную сестренку.

15

Между тем Аполлинария и Ариадна тоже не бездействовали.

Когда Надежда Николаевна оставила их вертящимися перед зеркалами в гостиной, Полина сказала сестре, которая упражнялась в грациозных реверансах:

– Ишь, как ее мама нарядила!.. Платье её сто рублей стоило! Я сама видела, как мама платила...

– Да, но у неё и в нем такая же вульгарная наружность, – заявила Риада. – Elle n'a rien de distinguИ![3]..

– Платье бы ничего, – продолжала старшая, – у меня еще лучшие будут, но мне досадно, что мама отдала ей свой жемчуг... С какой стати?.. Она ей не родная дочь, зачем же отнимать у своих? Это несправедливо!

– А мне все равно!.. M-lle Наке говорит, что лесные ландыши на хорошо воспитанной особе наряднее, чем драгоценные брильянты на невоспитанной.

– Ну, что там воспитание?... Были бы деньги да красота!.. Дурная – что ни надень, что ни скажи – все гадко, а хорошенькая да нарядная – всегда первой будет.

– Первой будет у дураков! – с убеждением заявила Риада. – А если она слова не будет уметь сказать умно, не будет уметь держать себя comme il faut – её не потерпят в порядочном обществе.

– Глупости! Богатую да хорошенькую – всюду потерпят! – убедительно возразила живая, хорошенькая Полина, бросив на себя в зеркало очень довольный взгляд.

– Ну, хорошо, – важно согласилась Ариадна, – но ведь ее только потерпят, а если она еще ко всему образована, умна, – ее в десять тысяч раз больше будут ценить.

– Очень мне нужно! – решила Полина. – Для меня гораздо важнее хорошо танцевать, на балах разговаривать некогда: все танцуешь!.. Ах, скоро ли пройдет три года!.. Мама обещалась, что в шестнадцать лет будет меня вывозить...

– Да тебе чрез три года будет всего пятнадцать...

– Вот вздор какой! Несколько месяцев... Мне теперь двенадцать с половиной... Ах, да я и до выездов натанцуюсь! Вот и сегодня: я уже на две кадрили ангажирована. Ты знаешь, князь Мерецкий говорит, что я чудесно танцую?.. Он в прошлом году еще, на детских балах, только со мной одной и танцевал...

– С тобой одной? Да ты совсем не хорошо танцуешь...

– Я не хорошо танцую?.. Я?!.. Скажите, пожалуйста!.. Кто ж танцует лучше меня? Уж не ты ли?

---

[3] В ней нет ничего элегантного!

16

– А разумеется. Прошлый раз в лансье m-lle Constance сказала, что я грациозней всех...

– В лансье?.. – расхохоталась Полина. – Очень мне нужно танцевать такие допотопные танцы! Я танцую, как большие. Мне бы вальс, котильон, а не какой-нибудь дурацкий лансье; я и мазурку так танцую, как редко кто умеет!

– Хвастунья!

– Ничуть не хвастунья!.. Я правду говорю... Ты, со своими реверансами да разными грациями, никогда не будешь танцевать так ловко и хорошо...

– А вот посмотрим, кто сегодня будет больше танцевать...

– И смотреть нечего!.. Со мной танцуют наравне, как с большими; я даже буду наверное больше Нади танцевать...

Полина стояла все еще у зеркала. Она вырвала из стоящего в подзеркальнике букета несколько цветов и по очереди прикладывала их то к голове, то к груди.

– Посмотри, Риада, хорошо?.. Приколоть?

– M-lle Наке говорит, что дети не носят цветов.

– Да, искусственных, а живые – всем можно. Я попрошу у мамаши: она мне приколет.

– Ах, как хорошо! – посмеивалась Ариадна. – У тебя совсем нет вкуса! Лиловые или желтые цветы – к пунцовым лентам... Фи, яичница с луком!.. К твоим черным волосам и пунцовым бантам только бы и можно какой-нибудь маленький цветочек.

– Что ж за краса? – протестовала Полина. – Белое платье и белые цветы!..

– Да ведь банты же у тебя яркие!.. Даже и к моим голубым лентам белые цветы хорошо бы было... Ты наверное знаешь, что живые цветы можно надеть?

– Разумеется, можно!.. А помнишь, мы с тобой читали: les enfants et les fleurs s'assemblent, car ils se ressemblent[4], помнишь?..

– Да, да, это правда!.. Так знаешь что? Я знаю, где достать цветок, который и к тебе, и ко мне будет идти. Хочешь, скажу?

– Скажи! Где?.. Какой?..

Ариадна наклонилась к уху сестры и что-то ей шепнула.

– Ну!!.. – удивилась та. – В самом деле?.. А я не видела!.. Это было бы красиво... Что ж, пойдем сорвем...

– А как она рассердится?

– Вот глупости! Очень мне нужно!.. Пускай... Да чего тут сердиться?.. Мало у нас цветов? Да мама ей завтра десять таких горшочков купит. Пойдем!

---

[4] детям идут цветы, потому что они похожи.

И обе девочки, взявшись за руки и оглянувшись в сторону столовой, где еще раздавался плач Клавдии и голоса взрослых, вышли, и побежали по коридору, к комнате старшей сестры...

Глава IV

Печальная весть.

Гости начали собираться быстро; к одиннадцати часам бал был в полном разгаре. Среди множества гостей три маленькие девочки совершенно исчезли, так что Надежда Николаевна потеряла их из виду. Исполняя обязанности хозяйки дома, она хлопотала более всего о том, чтобы всем было весело, чтобы все её гости, молодые девушки, непрерывно танцевали. Несколько раз она замечала, что маленькие фигурки её сестер, особенно Полины, очень часто мелькают среди танцующих, – гораздо чаще, чем бы следовало. Раз она подумала, что надо бы отправить всех их спать, но, зная, как враждебно будет принято её замечание, если она его сделает вслух, она не высказала своего мнения. Елладий Николаевич тоже много танцевал и вообще старался держать себя взрослым молодым человеком. Софья Никандровна радовалась, глядя на своих хорошеньких детей, насчет которых гости её то и дело говорили ей комплименты, и вообще была довольна своим удавшимся вечером. Действительно, он очень был оживлен и весел. Даже падчерица её, не особенно любившая танцы, оживилась и была непритворно весела, увлекшись общим удовольствием до того, что чуть не забыла о своем намерении наведаться в детскую. Но, вдруг вспомнив о детях, Надя тотчас же выскользнула из танцевальной залы и пробежала в детскую.

Там все было спокойно; Фимочка и Витя спали; старушка-няня, успевшая уже насмотреться на танцы из дверей коридора, тоже прикорнула возле них. Возвращаясь в залу, Надежда Николаевна была задержана в дверях столпившимися зрителями, глядевшими на вальсировавшие пары. Спиной к ней стояли две дамы, которые разговаривали вполголоса, – разумеется, не думая, что их могут услышать.

– Очень миленькие девочки эти Молоховы, – говорила одна из них. – И танцуют, как взрослые!.. Посмотрите, как летают!

– Да... Но странно, что их держат и одевают так не по летам, – сказала другая. – Им бы давно спать пора, а они нарядились в цветы и порхают в ущерб завтрашним урокам.

– Как в цветы? Неужели в искусственные цветы?

– Вероятно в искусственные. Откуда же осенью взять ландышей?..

– Ландышей?!. – невольно вскрикнула Надя, ища глазами сестер. – Где вы видите ландыши?

19

– Ах, m-lle Молохова, pardon, мы вас не заметили!.. Скажите, неужели па ваших сестрицах живые ландыши?

– Я не знаю, я не видела... На них не было никаких цветов...

– Как же!.. В черных локонах m-lle Полины они очень красивы... Посмотрите, вон она!.. Прелесть, как грациозна.

В эту минуту раскрасневшаяся, счастливая Поля остановилась в двух шагах от них, и Риада, только что поблагодарившая своего кавалера особенно изысканным реверансом, тоже подошла к ней и начала что-то оживленно рассказывать. У обеих в волосах и на груди белелись уже поблекшие пучки ландышей...

Старшая Молохова не могла сдержать горестного восклицания. Она не сомневалась, что это были её милые, дорогие ей цветы, взращенные для неё её любимой подругой... Она пожалела сорвать из них один или два в свой букет, рассчитывая, что они будут доставлять ей удовольствие долгое время, и вот теперь они все сорваны и погибли ради удовольствия двух тщеславных девочек, не успев даже никого порадовать своим чудным запахом, своей белоснежной свежестью! "Негодные! Злые девчонки!" – чуть не со слезами на глазах подумала Надя и, не сдержавшись, подошла к сестрам и гневно прошептала:

– Как вы смели ходить в мою комнату и сорвать мои ландыши?.. Идите сейчас за мной!.. Вот я скажу папе, что вы осмелились сделать!

Девочки переглянулись беспокойно. Им очень бы не хотелось послушаться, но её решительный тон и блестящие гневом глаза заставили их задуматься. Они хорошо знали, что им крепко достанется от отца, если дело дойдет до него, и потому, ни слова не говоря, насупившись, проскользнули вслед за сестрой.

– Ага! Кажется, цветы-то были контрабандные! – засмеялась одна из дам, указавших Надежде Николаевне на ландыши.

– Да, – отвечала ей другая, – очевидно, что старшая сестрица позвала их к ответу. Во всяком случае это делает честь m-me Молоховой, что падчерица пользуется таким авторитетом над младшими детьми.

Но говорившая это дама сильно ошибалась; она изменила бы мнение, если бы могла видеть и слышать то, что произошло во внутренних комнатах.

Случилось так, что в это самое время Софья Никандровна выходила сделать какое-то распоряжение, и все три сестры натолкнулись на неё...

– Извольте сейчас же ложиться спать, негодные девчонки! – с пылающими от негодование щеками говорила Надя. – Не доставало еще, чтобы от вас нужно было запирать мои вещи!

– Какие вещи? Эту-то дрянь? – возражали ей маленькие сестры. – Какая невидаль, подумаешь!

– На тебе твои цветы! На! – злобно вскричала Аполлинария, срывая с себя ландыши и бросая ими в Надежду Николаевну.

– Нет, мне их теперь не надо! Что мне в завялых цветах, которые теперь можно только выбросить?.. А вы посмели их трогать! Кто вам позволил идти в мою комнату? Как вы смели их рвать?.. За это вы не вернетесь в залу. Вам давно пора спать. Извольте идти и раздеваться.

– Мы не пойдем! Мы не хотим спать!.. Вот еще! Ты не смеешь нами распоряжаться! С какой стати?.. – с азартом протестовали девочки.

И вдруг, завидев мать, бросились отчаянно к ней.

– Мама! Мамочка!.. Она гонит нас спать! А ведь ты говорила, что мы будем ужинать!.. Не вели ей!.. Позволь нам идти в залу!..

– Что такое? Чего вы кричите?.. – говорила с неудовольствием, ранее чем-то раздраженная, Софья Никандровна. – Что тебе до них, Надя? У них есть гувернантка. Оставь их в покое!

– Я прежде всего желала бы, чтобы они меня оставили в покое! – сердито возразила ей падчерица. – Им и вообще-то не место после полуночи в бальной зале...

– Ну, это мое дело и моя воля! – резко перебила Молохова.

– Нельзя же позволять им безнаказанно воровать чужие вещи?

– Воровать?.. Что это значит?..

– Она говорит, что мы у неё украли вот эти дрянные цветы! – закричала Ариадна. – Разве это воровство?.. Зачем она говорит на нас такие дурные слова?.. Мы просто сорвали у неё цветочек, не думая, что она его пожалеет.

– Особенно после того, как ты, мамочка, ей сегодня столько дорогих вещей надарила, – нашлась практичная Полина.

Надежда Николаевна ахнула от негодования.

– Да разве это может оправдывать ваш поступков? – начала было она; но мачеха сердито ее прервала.

Она доказывала, что дети совсем не думали, что это такой важный поступок – взять несколько цветочков, когда букетами завалены все комнаты; что Надя их обижает и сама роняет свое достоинство, ни с того, ни с сего называя воровством самую извинительную шалость; что наконец она ей купит сколько угодно таких ландышей, но не может позволить ей распоряжаться своими детьми.

– Как вам угодно! – холодно возразила ей Надежда Николаевна. – Вы вольны портить этих бедных девочек, но с этого дня я буду запирать свою комнату на ключ...

– Но я же говорю, что завтра же куплю тебе цветов! – прервала опять Молохова.

21

– Дело не в цветах; хотя вы не найдете ни за какие деньги в сентябре месяце ландышей...

– Откуда же вы их достали?

– Мне их подарила Савина. Они были нарочно для меня взращены... Но не в них дело...

– Ну, уж, конечно, главное дело в том, что это подарок вашей драгоценной подруги, этой высокопоставленной девицы.

– Прошу не оскорблять людей, которых я уважаю, – побледнев, воскликнула Надя. – Для меня высокопоставленны все те, кого я люблю, все честные и порядочные люди, какими никогда не будут ваши дети при таком милом воспитании! – добавила она, но тут же раскаялась в своих необдуманных словах: они, без всякой пользы, только рассердили её мачеху.

Надя иногда была несдержанна по молодости и неумению справляться со своими возмущенными чувствами; мачеха же её, несмотря на свои годы, еще меньше могла, да и нужным не считала, владеть собой. Как все плохо воспитанные люди, она не знала меры своим речам. Из-за этого происходили неприятные сцены, в которых потом очень раскаивалась Надя, сознавая, что ей не должно было возбуждать их.

К несчастью, это всегда бывало позднее раскаяние. Оно приносило большую нравственную пользу ей самой, но не могло уже исправить раз сделанного. Так и теперь. Софья Никандровна вышла из себя и наговорила много жестокого и несправедливого. Девочки давно убежали обратно в залу, а старшая сестра их решила, что сама туда не вернется, о чем и сказала мачехе.

Софье Никандровне такое решение было крайне неприятно ввиду неудовольствия мужа, но она уж не хотела ни переменять намерения на счет своих дочерей, ни урезонивать падчерицы.

– Хочешь дурить и всему миру выказывать свой милый характер?.. Что ж, делай, как хочешь, – отвечала Софья Никандровна Наде, – только изволь звать, что если отец рассердится, так ты на себя пеняй, а я детей своих, в угоду твоим прихотям, обижать не буду.

– Вы их гораздо больше обижаете в угоду их собственным капризам! – отвечала Надежда Николаевна и, очень огорченная и сердитая, ушла к себе в комнату, с намерением сейчас же раздеться и лечь спать. Но ей не привелось этого сделать. Едва она заперла свою дверь, как её горничная Марфуша постучалась в неё.

– Не надо! Я сама разденусь! – откликнулась она.

– Да нет, барышня, я не затем...Письмо к вам.

– Письмо?.. – удивилась Надя, поспешно отворила дверь, схватила письмо, разорвала конверт и прочла:

"Бога ради, дорогая Надя, нет ли у вас на балу какого-нибудь доктора?.. К вам привезли Пашу, сильно разбитого: он увал со стены, на пожаре. Кажется, умирает... Два часа отец и Степа бегают в напрасных поисках за доктором. Ради Бога помоги! Твоя М. Савина".

— Кто принес? — спросила Надежда Николаевна.

— Мальчик небольшой. Брат, никак, барышни Савиной.

— Степа?.. Зови его сюда! Скорей, Марфуша! Скажи ему, чтобы он подождал меня здесь: я отвезу его сейчас вместе с доктором. Я сейчас!

В одну минуту Надежда Николаевна была уже в приемных комнатах и вопросительно окидывала их взглядами. Она искала Антона Петровича, их доктора и большого друга её с самого детства. Она с трудом отыскала его в бальной зале, и в самую пору. Доктор, окончив играть в карты, пришел поглядеть на танцующих и уже намеревался незаметно улизнуть домой.

Услыхав, в чем дело, он стал расспрашивать, как найти Савиных, но Надя ему и договорить не дала.

— Вы поедете?.. Добрый Антон Петрович! Спасибо вам!.. Погодите, здесь брат этого бедного мальчика... Я сейчас приведу его... Идите и ждите нас в передней...

Велико было удивление доктора, когда, едва разыскав свою шинель, он увидел перед собой мальчика и Надежду Николаевну в теплой тальме и шляпке.

— С нами крестная сила!.. Что вы это, голубушка, задумали? С бала-то?.. Бог с вами!.. Зачем?..

— Не теряйте времени, Антон Петрович!.. Я все равно уж ушла с бала: Софья Никандровна знает и думает, что я легла спать... А я бы не могла заснуть, не успокоясь насчет Паши... Едемте!.. У вас есть экипаж?

— Есть мои дрожки... Но как же так, право?.. Нам с вами достанется! — протестовал доктор.

— Не вам, а мне, а я к этому привычна! — отвечала Надя, сходя торопливо с лестницы, не подобрав даже своего дорогого бального платья, не из небережливости, а потому, что забыла обо всем, кроме нового горя, постигшего Савиных.

Едва они сели в крытые дрожки доктора и направились в дальнюю часть города, где жили родители Степы, она сейчас обратилась к последнему с расспросами. Оказалось, что он мало сам знал о подробностях случившегося со старшим братом несчастья; некогда было расспросить человека, который привез его с казенного сада полумертвым, а сам Паша ничего не мог передать. Было очевидно только что мальчик расшиблен крепко.

– У соседей их крыша загорелась, он и полез тушить, да не досмотрел как-то, – балка что ли под ним подломилась, он и упал, – говорил мальчик.

– Так он еще и обжегся, пожалуй? – спросила Надежда Николаевна.

– Да, руки и лицо обожжены... Да он на это не жалуется, а вот спина должно быть у него сломана...

– Ну, уж и сломана! Помилуй Бог!.. Просто, верно, расшибся очень сильно, – заметил доктор.

У аптеки доктор велел остановиться, набрал там разных баночек да бинтов и поехал дальше.

Глава V

У бедных друзей

Невеселое зрелище ожидало доктора и Надю в крошечном доме, почти мазанке, где жили Савины. В первой комнате, самой большой, на кожаном диване лежал мальчик лет четырнадцати. Выражение страдания исказило его красивое лицо; смоченные потом вьющиеся черные волосы прилипли ко лбу и вискам; губы были плотно стиснуты, чтобы сдерживать стоны, невольно вырывавшиеся из стесненной груди, а глаза блуждали, словно ища помощи. Ему беспрестанно делалось дурно, и тогда бледность еще мертвеннее разливалась по лицу его, длинные ресницы полу опускались, еще страшнее оттеняя, в полусвете нагоревшей свечи, черные круги под ввалившимися глазами. В эти минуты двум женщинам, в страхе стоявшим возле него, казалось, что все уже кончено, что он умирает... Мать отчаянно ломала руки, обращала полные слез глаза в тот угол, где висели иконы. Другая, сестра больного, наша знакомая Маша Савина, вела себя сдержаннее. Она не давала воли слезам, смачивала уксусом виски и лоб брата, давала ему нюхать спирт, и только с возраставшим ужасом в душе порой прислушивалась, не приехал ли кто, не идет ли Степа, не вернулся ли отец, снова ушедший на поиски доктора... Но чем более уходило время, чем более ослабевал несчастный Павел, тем холоднее становилось на душе её, тем сильнее сдавливали ей горло сдерживаемые рыдания. Наконец, и она не могла долее выдержат... Брат её только что открыл глаза после обморока и попросил пить; она поднесла ему одной рукой воду, другой приподняла голову и напоила его; но, когда, напившись, он страшно застонал от боли, которую ему причинило это легкое движение, она с трудом сдержалась и, передав уксус и полотенце матери, выпила в сени, схватилась за голову и вся замерла, откинувшись всем телом к стене. Самые ужасные, болезненные мысли кипели в ней. "Когда же, когда же помощь?.. – выступал ясно один вопрос из вихря её мыслей. – Неужели ни отец, ни Надя – никто не добудет доктора?.. Надя... Да где же ей!.. Где ей заниматься ими!.. У них бал... Еще добился ли до неё Степа? Отдали ли ей записку?.. О! Боже мой, Боже!.. И за что он так страдает, Господи?.. За его же доброе дело... Хотел помочь, других спасти – и вот... Что ж доктор? Когда же помощь?!."

И наконец-то, в ответ на её отчаянные вопросы, раздался стук колес по их тихой, давно заснувшей улице. Все собаки подняли лай на этот

25

непривычный шум. Не к ним ли?.. Кому же ехать здесь ночью?.. Неужели доктор?.. И мигом разлетелись все черные мысли! На душе полегчало, будто уж один приезд доктора должен облегчить её Пашу; она бросилась к дверям.

– Степа! Ты?..

– Я, Маша! Скорее отворяй! Доктор!

– Это мы, Манечка! Я привезла тебе Антона Петровича.

Верить ли своим ушам?.. Сама Надя! В такой час и прямо с бала!..

– О! Спасибо, спасибо тебе, милая!

– Пойдем скорее! Где же бедный Паша?.. Вот сейчас его доктор осмотрит... Даст Бог, поможет ему. Пойдемте, Антон Петрович.

Но Антона Петровича не к чему было торопить: он уже отворил двери в комнату.

Один опытный взгляд на больного сказал ему, что времени терять нельзя.

Павел лежал, как привезли его, совсем одетый.

– Ножницы! – прежде всего потребовал доктор, и тут же, вспомнив, что все при нем, он вынул из кармана портфель с инструментами.

– Кто здесь посильнее, – спросил он, нахмурясь, будто бы сердился, и тут же сурово прибавил, взглянув на Марью Ильиничну: – слез тут не нужно, слезы – лишняя помеха!.. Где отец его или старший брат? Кто-нибудь, чтоб поднять?..

Говоря это, доктор без церемонии разрезывал в длину блузу и всю одежду больного.

– У нас никого нет, – отвечала сестра Паши, Маша. – Отец ушел за доктором... Я помогу вам... У меня довольно силы.

Доктор посмотрел на маленькую, худенькую девушку, на её суровое лицо, дышавшее уверенной решимостью, и не сказал ни слова, только будто с еще большим ожесточением стал кромсать платье больного мальчика.

Мать Паши испуганно глядела на все происходившее. Помимо душевного страдания, она невольно прикидывала в уме, чего ей стоило заработать то, что доктор так беспощадно превращал в клочки. Такое чувство в сердце матери в подобную минуту, пожалуй, многим показалось бы мелочным, но таким счастливцам мы только можем посоветовать поблагодарить Бога за свое великое счастье. Тот человек, чьих нравственных бед и страданий никогда не увеличивала бедность, беспощадная нужда, – не смеет считать себя несчастным... Потери и горести – для всех равны, но для бедных людей все они во сто крат увеличиваются невозможностью помочь, облегчить болезнь и страдания средствами, которые у людей обеспеченных всегда под рукой. Нет горше и обидней несчастья, как невозможность доставить необходимое существу, за которое охотно отдал бы всю жизнь свою, всю душу!.. И бедная Марья Ильинична не задумалась бы отдать за сына всю кровь свою и душу, и не пожалела бы о них, а платье его она жалела потому, что не знала – откуда ей будет достать другое...

Надежда Николаевна могла, однако же, отчасти постигнуть, по той тоске, которая се самое вчуже охватила при виде бедного страдальца, что должно было происходить в сердцах его матери и сестры. Она стояла бледная, крепко закусив губы, и следила за всеми движениями доктора, готовая помочь ему, служить, чем могла, по первому слову.

Доктор осмотрел, ощупал, выслушал больного, расспросил его, па сколько это было возможно, ни с кем не делясь своими заключениями.

– Его надо поднять, – скороговоркой вымолвил он наконец, снова окинув всех взглядом. – Поднять на простыне!.. Сбинтовать необходимо... Нет ли во дворе кого-нибудь? Мужчины?.. Вы не можете, – тут нужна сила.

В эту минуту со двора послышались тяжелые поспешные шаги.

– Папа! – прошептал Степа, который стоял, прижавшись к уголку.

– Отец! Слава Богу!.. – сказала Маша, выбегая в сени.

– Докторов разве добудишься? – послышался за дверьми суровый мужской голос. – Вот, спасибо, добрый человек, фельдшер из гошпиталя пришел со мной... То же, чай, не хуже другого доктора управится...

– Доктор есть! – отвечала Савину дочь его. – Идите скорей! Ему нужна помощь: одному невозможно...

Действительно, приход Савина с фельдшером был как нельзя более кстати. Едва через час они вдвоем с доктором управились над мальчиком, у которого ключица и позвонок оказались сломанными. Доктор приказал всем трем женщинам уйти из комнаты. Увидев, что она не может быть теперь нужна, Надя ушла в самый дальний уголок и даже заткнула уши, чтобы не слышать стонов и криков Паши. Обессиленная горем, Савина беспомощно рыдала, охватив плакавшего Степу, прижимая к себе его голову. Одна Маня не поддавалась горю. Мужественно борясь со своими чувствами, она, казалось, окаменела у порога комнаты, в которой бинтовали больного. Она первая вошла, как только стоны его утихли, наклонилась к его помертвелому лицу, но не смела еще верить, что страдания его унялись. Радостно забилось её сердце, когда Паша ей слабо улыбнулся и прошептал:

– Теперь лучше, славу Богу...

– Лучше! Лучше! – поддержал его доктор. – Разумеется! А завтра, как спеленаем тебя в лубки, еще легче станет... Теперь, того... Надо бы его на кровать... Ему тут неловко. Есть кровать? – обратился он к Маше.

– Есть! Я сейчас постелю... Только как же перенести?

– Ну, это не ваша забота! Давайте сюда, рядом поставим, и на этой же простыне его переложим.

– Какую же кровать-то? – в недоумении шепнула ей мать, которая прислушивалась из другой комнаты. – Нет, ведь, лишних-то...

– Как нет? А моя! – отвечала ей Маня, поспешно вынимая из комода чистое бельё.

Через несколько минут Павел был осторожно переложен на постель сестры и закрыт её одеялом.

– Ну, теперь хорошо! – отрывисто, по своему обыкновению, заявил Антон Петрович и вынул свои часы. – Завтра я буду часов в десять утра. Опять тебя помучу немножко, – ласково обратился он к больному, – по зато после хорошо будет. Ничего!..

Оп отдал необходимые приказания фельдшеру, который оказался из той больницы, где он сам был доктором, и сказал Наде:

– Ну, барышня, едемте по домам! Скоро белый день. Достанется нам завтра на орехи от Софьи Никандровны! – И широкая улыбка осветила обыкновенно серьезное, но добродушное лицо доктора.

– Тебе и прилечь не на чем сегодня? Завтра-то я пришлю тебе кровать и постель, – на прощание шепнула Надя своей приятельнице.

– Спасибо тебе! За все спасибо! – горячо отвечала Маша. – Мне ничего не нужно! Сегодня я и не прилягу: над ним буду сидеть, а потом я как-нибудь устроюсь, – не беспокойся.

– До свидания, Паша! – ласково сказала Надежда Николаевна больному. – Завтра приеду, наведаюсь о тебе... Даст Бог, скоро поправишься!

Мальчик перевел свои большие удивленные глаза па барышню, которой бальный наряд казался столь странным в этой бедной комнатке. Он, казалось впервые ее заметил.

– Надежда Николаевна тебе доктора привезла! – пояснила ему сестра, поняв его вопросительный взгляд.

– Благодарю вас, – прошептал Павел, все еще не совсем понимая в чем дело.

Глава VI

Бедному всякое горе – вдвое!

Молохова и доктор уехали. Домик Савиных погрузился в тишину. С полчаса еще слышался недовольный голос старика Савина, ворчавшего на жену, на судьбу, на неосторожность сына, навлекшего на себя и их такую беду, но скоро равномерный храп сменил его воркотню. Степа свернулся на своей кровати, не раздеваясь, и даже сама Марья Ильинична, измученная горем, истомленная за весь день-деньской работой, прикорнула на диване, возле сына. Не спала одна Маша. Она села к столу, на котором они обыкновенно обедали, тут же, возле брата, затемнила от него маленькую лампу и усердно принялась кончать к завтрашнему дню урок, прерванный давеча приездом больного. Она оставляла свое занятие только затем, чтобы поглядеть на него, дать ему напиться, поправить на нем одеяло. Поила она его осторожно, с ложечки: доктор приказал не поднимать ему голову. Павел лежал, как пласт, по временам забываясь; но скоро у него сделался жар и бред, не дававший им обоим покою до самого белого дня. Когда, часам к семи, он задремал, Маша вышла в их кухоньку, вздула углей, поставила самовар, умылась и, уже совсем готовая идти из дому, разбудила мать.

– Вы уж не посылайте Степу в училище, – шептала она ей, – может быть, не обойдетесь без меня, так пусть добежит до гимназии и скажет швейцару, а он меня вызовет. Может и послать его куда придется... Папа ведь на службу уйдет... Я бы не пошла, да уж очень важные у нас сегодня занятия. К полудню вернусь.

Она уже хотела идти, когда мать нагнала ее в сенцах.

– Ах, что ж это я, совсем голову потеряла?.. Ведь у меня ни гроша! Ты говорила, у тебя еще есть пять рублей?

– Есть, – затаив вздох, ответила Маша. – А разве... У него уж ничего нет?

– Не знаю, милая! Ты знаешь, каково мне у него выспрашивать, да просить... Говорил вечор, что этот месяц до жалованья страсть как трудно дотянуть будет; больше, говорит, как по рублю на день никак не могу давать... А тут вот какой грех вышел!.. Приедет доктор, что-нибудь понадобится, лекарство, али что... Не стал бы отец артачиться... Крутой он стал ныне, сердитый... Чтоб не потревожить еще Павлушу...

– Не дай Бог, маменька!.. Нет, уж вы не допускайте. Я вам сейчас

29

отдам пять рублей. Вы их так для Паши и держите. А если что... Я после... достану... "Надо будет Надин подарок продать! – шевельнулось в уме её. – Что ж делать? И браслет продам, и без теплого останусь, лишь бы брат выздоровел".

Она достала из своей шкатулочки деньги, которые копила себе на теплый бурнус, и отдала их матери.

– Будить, что ли, отца-то? – спросила шепотом Марья Ильинична, косясь на спавшего мужа.

– Да, ведь и ему скоро в должность, – пора.

Маня разбудила отца, остановила его сердитый возглас спросонку, напомнив о болезни Паши, о позднем часе и службе; и только уверившись, что все благополучно, отец не сердит, а больной продолжает дремать спокойно, наконец вышла из дому.

Гимназия была в центре города, далеко; но Савина шла быстро и поспела вовремя, к первому звонку. В коридоре се встретила высокая, полная дама, начальница гимназии, и очень удивилась.

– Вы пришли, Савина? – сказала она. – Как же так? А брат?.. Лучше ему?

– Он стал спокойнее после того, как его сбинтовали, благодарю вас Александра Яковлевна. Но...

Она остановилась на полуслове.

– Но – откуда я знаю? – догадалась начальница. – Мне написала Наденька Молохова.

– Написала?.. Так она не пришла?

– Нет, она нездорова, но так, пустяки!.. Идите же, идите, пора!

"Надя нездорова! Чем?.. Александра Яковлевна говорит – пустяки!.. Чтобы это значило?" – Эти мысли, заодно с беспокойством о брате, все время не давали покою Савиной. Никогда не бывала она так рассеянна в классе, как теперь.

В перемену она, узнав от швейцара, что за ней из дому не присылали, разыскала Ельникову, чтоб расспросить о Молоховой. Она боялась, не простудилась ли Надя во время своей ночной поездки в бальном платье. Ельникова успокоила ее: Надя не больна, а крепко рассердилась и огорчилась сценой, которую ей сделала мачеха. Из-за этой домашней передряги она запоздала и решилась не прийти в гимназию. "Во-первых, – писала она Вере Алексеевне, – потому, что от бессонницы у меня красные глаза, а я совсем не желаю, чтобы в гимназии думали, что я заплакана, а во-вторых, потому, что Маша Савина наверное одна в доме не управится, так уж я лучше пойду к ним".

– Так она у нас?.. Ей опять достанется от мачехи! – воскликнула Савина.

– Да, наверное, – согласилась Ельникова. – Она только так говорит, что глаза её покраснели от бессонницы, а сама просто плакала.

– Вы думаете? – испуганно спросила Савина. – Значит, произошло что-нибудь особенно неприятное? Она, ведь, не любит плакать...

Звонок прервал их раствор, и молодые девушки разошлись по классам.

Между тем у Савиных все шли гораздо благополучнее, чем ожидала Маша и её мать, заранее тосковавшая в виду предстоявших больших расходов, которых, пожалуй, невозможно будет и сделать. От недостатка средств уже погиб её старший сын, этот бедный труженик, горько оплакиваемый ею до сих пор. Миша был бы, может быть, жив, если бы была возможность поберечь его, одеть потеплее в холодную зиму, взять хорошего доктора, когда он заболел, – и вот сгинул мальчик! При одной мысли о том, что, вероятно, и теперь доктор не захочет к ним ездить, увидав их бедность, тоскливо сжималось сердце бедной Марьи Ильиничны. Она сидела одна возле сына: муж ушел на службу, Степа вышел купить денную провизию. Савина, убрав посуду, взялась за изрезанное накануне Пашино платье, прикладывала куски к кускам, печально качая головой в напрасных соображениях над возможностью поправить беду.

Надежда Николаевна застала ее над этой работой в слезах. Бедная женщина и удивилась, и обрадовалась ей, и совсем растерялась, рассыпаясь в благодарностях.

– Доктор еще не был? – было первый вопросом Молоховой.

– Нет еще, не бывал... Да, может, он и не будет, – как бы про себя проговорила Савина, торопливо сметая пыль с дивана, со стола, очищая место нежданной гостье.

– Как можно!.. Непременно будет, Антон Петрович такой аккуратный...

– Само собой, но... Может быть, им не охота тратить время на бедных людей, ведь они... Ведь мы... Рады бы душой, да что поделаешь?..

Марья Ильинична совсем спуталась и бросилась к сыну, беспокойно застонавшему.

– Что, Павлушенька, чего хочешь?.. Нету дома Маши, она сейчас с уроков вернется... А что тебе, голубчик? Болит что?

– Пить хочу, – прошептал иссохшими губами больной, устремляя лихорадочно блестящий взгляд на молодую девушку, которая стояла неподвижно, соображая

Пока Савина суетилась возле сына, Надя выскользнула в сени и на крыльцо. При её появлении привстал сидевший в сенях человек. Она узнала в нем фельдшера и спросила, принес ли он все нужное, – все, что приказывал ночью доктор.

– Все есть, все привес, – успокоил он ее.

– А... что это стоило? – осведомилась Надя, сама не зная почему, краснея.

– Да я так взял, на имя Антона Петровича... По ихнему, значит, приказанию отпустили.

– Хорошо... А вот вам за труды, – еще более краснея, прибавила девушка, подавая ему рубль. – Пожалуйста, смотрите за Павлушей хорошенько и все аккуратно делайте, что прикажет Антон Петрович... Вот, кажется, и он...

Надя вышла на крыльцо и увидела доктора сходящим со своих дрожек.

– А вы уж опять здесь? – изумился он, улыбаясь. – Неугомонная барышня!.. Что, крепко досталось за ночную прогулку, или скрыть удалось?

– Это не в моих привычках! – отвечала Надежда Николаевна. – Я никогда ничего не скрываю... Всего было, – прибавила она, не совсем весело улыбаясь. – Да не в том дело!.. Антон Петрович, дорогой! Послушайте: вы ведь знаете, что Савины очень, очень бедные люди?

Серенькие глазки доктора беспокойно забегали.

– Ну, так что ж?.. Я им не наследник.

– Нет, – засмеялась Надя, взяв его за обе руки, – вы не сердитесь!.. Я ведь знаю, что вы добрый... А дело в том, что, пожалуйста, делайте все, все, что нужно для Паши, не стесняясь, а... Им ничего не говорите, понимаете? Эго уж наше с вами будет дело... Хорошо?

– Хороню, хорошо, прекрасно! Только не задерживайте меня, беспокойная барышня! – отшучивался доктор.

– Нет, в самом деле! – настаивала вполголоса Надя, идя за ним в сени. – Вы его вылечите, милый, дорогой Антов Петрович?.. Да?... Для меня!

– Для вас-с? – вдруг сердито обернулся к ней доктор, остановясь и глядя на нее в упор, нахмурив брови. – Совсем не для вас, а для него и... для себя самого! Чего вы пристали?..

Если б Надя не знала его с детства, она могла бы сконфузиться, но, знакомая с его манерами, она только рассмеялась в ответ на его сердитое движение. Да доктор и сам улыбнулся, ласково взглянув из-под сдвинутых бровей, и спешно прошел в комнату. Он осмотрел Пашу, расспросил его и Марью Ильиничну, прописал лекарство, сделал на рецепте особую пометку и послал с ним вернувшегося с базара Степу, направив его в известную аптеку, где ему должны были выдать лекарство: – "пока даром, – объяснил он, – а после сочтутся через меня".

– Да ты знаешь, молодец, садись-ка ты в мои дрожки и прикажи кучеру себя свезти... Федотов, – обратился доктор к своему фельдшеру, готовившему гипс, – скажите, пожалуйста, кучеру. Так-то скорее будет!.. А мы, пока он съездит, спеленаем больного.

Павлушу обложили гипсом, лубками и сбинтовали ему плечо и спину так ловко, что он и голосу не подал. Савина и Надежда Николаевна, приготовившиеся снова слышать стоны, были очень удивлены и обрадованы тем, что дело обошлось на сей раз так счастливо.

Доктор сам дал лекарство мальчику, объяснил матери, как с ним обращаться, как его поворачивать с одного боку на другой – не иначе, как на простыне, чтоб сам он не делал ни малейшего движения, и то не часто, потому что ему всего полезнее лежать на спине.

– Я буду заезжать каждое утро, – сказал он на прощание – но если что заметите особое, если он будет жаловаться или беспокоиться, присылайте немедленно за мной.

Доктор сказал свой адрес и затем обратился к Надежде Николаевне:

– Прикажете отвезти вас домой? – спросил он. Она рассмеялась, не очень, впрочем, весело.

– Нет, уж благодарствуйте!.. Меня сегодня и то вашим помощником окрестили и в сестры милосердия советовали идти, а уж если я с вами кататься еще стану, так Софья Никандровна мне окончательно проходу не даст.

Антон Петрович покачал головой.

– Я сказала папе, что вернусь только к обеду – и так я сделаю, – добавила Надя.

– Ну, а он что, Николай-то Николаевич, не сердился?

– Когда я объяснила ему, в чем дело, разумеется, он не сердился... Но прежде ему так представили все, что он очень встревожился... Э, впрочем, все равно! – махнула она досадливо рукой. – Не привыкать мне к домашним удовольствиям, вы это знаете, Антон Петрович!

– Знаю я, знаю, что одна моя знакомая барышня – очень беспокойного характера особа: нетерпеливая, непокорная, своевольная, – шутил доктор.

– Ну, и знайте себе па здоровье, если уж вы обидчик такой несправедливый! – возразила ему Надежда Николаевна.

Доктор уехал, а Надя, уговорив Савину уйти и заняться, как всегда, своим хозяйством, села у окна – сторожить больного и поджидать возвращения подруги. Павлуша очень ослабел и все время почти дремал. Степа то уходил к матери на кухню, то принимался твердить свой урок; разговаривать с ним не приходилось, так что волей-неволей молодой девушке нечем было рассеять своих грустных размышлений. Впрочем, они были скоро прерваны появлением её горничной Марфуши с целым транспортом: она привезла железную кровать с тюфяком и постелью для

Маши Савиной, и они принялись её устанавливать. На все восторженные благодарности Марьи Ильиничны Надя только повторяла:

– Какой вздор! Стоит ли говорить об этом?.. У нас в кладовой еще две таких стоят без употребления!

Это была сущая правда, но только те кровати с постелями так и продолжали стоят в кладовой генеральши Молоховой: она не позволила падчерице их тронуть, а кровать с постелью, привезенная Марфушей, Надежда Николаевна просто купила на собственные деньги... Когда Маша вернулась домой, она нашла уже все в порядке в своем углу, и даже гораздо лучше и нарядней. Благодарить словами она не умела, но горячее поклонение её подруге еще более усилилось с того времени.

Глава VII

Добрый друг

В течение долгой болезни и медленного выздоровления брата ей пришлось, действительно, многим быть обязанной Наде, – так многим, что и половины услуг её Савины сами не знали. В продолжение полутора месяца почти не проходило дня, чтобы молодая девушка не навещала семьи своей подруги и чтобы она не старалась делать все, что было в её возможности, для устройства и удовольствия их. Сначала мальчики и сам старик Савин дичились её немного, стеснялись её присутствием; но она всегда была так проста и ласкова в обращении, так непритязательна, что вскоре все к ней привыкли. Кроме того, что дружба её имела в материальном отношении самое благотворное влияние на жизнь семьи, – влияние, которое она умела распространить так деликатно, что оно не только не оскорбляло ничьей гордости, но в большей части случаев не замечалось Савиными, – частые посещения Молоховой хорошо отзывались на внутреннем быте семьи и в другом, нравственном отношении. Она развлекала и ободряла в больного мальчика, и забитую горестями жизни мать его; она облегчала многие заботы её и Маши, незаметно снимая с них множество домашних работ и обязанностей, – то занималась с меньшим Савиным, то отбирала у них шитье, уверяя, что дома пропадет со скуки от безделья, то, покончив свои занятия ранее подруги, приходила, садилась за её рабочий столик и переписывала за нее бумаги для старика Савина. А уж чтения её, вечерние её чтения у кровати Павлуши, вокруг которой собиралась вся семья его послушать, – сколько удовольствия они приносили! Когда был досуг, и Маша, оставляя уроки и переписку, садилась с шитьем возле матери и слушала часто давно ей знакомые вещи с таким удовольствием, как будто не имела понятия о произведениях наших славных писателей. Дело в том, что обе подруги не столько следили за бессмертными рассказами Гоголя, Пушкина, Лермонтова, сколько за тем впечатлением, которое они производили на мальчиков, не имевших о них представления, и на старших, быть может, и слышавших из них что-нибудь когда-то, но успевших утратить о них воспоминание в жизненных дрязгах и печалях. Удивительно освежающее, благотворное впечатление производили эти чтения Надежды Николаевны! Она охотно их возобновляла бы чаще, но не всегда хватало времени. Все же раза два в неделю ей удавалось соединять ими всю семью, к величайшему своему удовольствию и несказанному счастью старшей сестры. Разделяла его до известной степени и мать Савиных. Она, помимо всех других обязательств, была втайне более всего благодарна Молоховой за то спокойствие и душевный мир, которые частое присутствие девушки как бы внесло во внутренний их быт.

– Дай Бог ей здоровья, голубушке! – часто говорила она дочери. – С ней будто бы все у нас посветлело... И Пашина болезнь не в горе! Я уж об нем, об Паше-то, и говорить не хочу, а ты погляди на отца, на Михайло Маркелыча, что с ним сталось!.. Особливо, как барышня тут: – и не слыхать его голосу!.. Я прежде думала: это он сдерживается, невмоготу ему будет, что так она у нас изо дня в день, и ему себя смирять нужно, а теперь – посмотри! Уж отец и без неё куда мягче стал. Редко когда рассердится; а чтобы все срыву, да с маху, по-прежнему, – этого и ни Боже мой!.. А уж как выдастся ему часок послушать, что она читает, – он и вовсе повеселеет... Давно я его таким не видывала... Это смолоду, когда лучше жилось нам, не бывало такой нужды, хаживал он изредка в театр; таки вот, бывало, такой возвращался... Третьего дня, как начал он после этой ярмарки, – как ее? Сорочинской, что ли, – что Надежда Николаевка читала... Как начал свою Малороссию да молодые годы вспоминать, – так так-то и я-то счастливое времечко вспомнила! Дай, Господи, здоровья барышне!..

"Барышней" Савина, несмотря на неудовольствие Молоховой и на постоянные замечания дочери, продолжала упорно называть Надю. Марья Ильинична была простая, еле грамотная женщина; богатая девушка, дочь генерала, занимавшего одно из первых мест в их городе, как бы просто себя ни держала, не могла казаться ей ровней и своим человеком.

Надю радовало сознание пользы, приносимой ею, и радость, с которой все в доме Савиных встречали её приход. Но, помимо желания оказать помощь семье искренно любимой ею подруги, ей самой приятно было находиться в этом тесном домашнем кругу, где все было неказисто и бедно, но за то вполне искренно, мирно и просто. Непритязательную и прямодушную от природы девушку, одаренную горячим сердцем, готовым к искренней привязанности, очень тяготил её извращенный домашний круг. Натянутые отношения её к мачехе, да отчасти и к отцу, с которым она не могла быть вполне правдива, ради его же спокойствия, враждебные чувства старших детей, её собственные недоверчивые к ним отношения, вообще – вся фальшь их жизни претила её в высшей степени правдивой натуре и делала ее, несмотря на глубокую любовь отца и даже баловство, которым она была окружена, часто очень несчастной. К дому ее привязывали исключительно отец и двое меньших детей, в особенности беспомощная, нелюбимая матерью Серафима. У Савиных Надя положительно отдыхала от всякого стеснения; тут ей было больше по душе, чем в доме мачехи.

Время быстро летело; шесть недель промелькнули так скоро, что никто не заметил, как пришло время снять гипсовую повязку с Павлуши Савина. И сам он даже не особенно тяготился временем своей болезни, благодаря заботам Надежды Николаевны и в особенности книгам, которые она доставляла ему во множестве. В конце октября как раз был день рождения мальчика, и в то же время доктор позволил ему сидеть в кресле, хотя он был еще так слаб, что совсем еще не мог ходить. С утра погода была дурная и довольно холодная. Павлуша сидел, весь обложенный подушками, и печально смотрел в окно, размышляя о том, что вряд ли Надежда Николаевна приедет сегодня. Еще за несколько дней он просил своего товарища, пришедшего навестить его, попросить главного садовника прислать ему хороший букет. Садовник любил работящего и смышленого ученика. Оп сам ждал с нетерпением возвращения Савина и не отказал ему в этом удовольствии. И вот теперь прекрасный букет стоял на столе, в ожидании желанной гостьи, а погода становилась все хуже и хуже!.. К обеду собралась вся семья. Вернулся со службы старик, не совсем в духе, тоже по поводу непогоды; прибежал Степа из училища, весь мокрый, озябший, но с широкой улыбкой на лице, в ожидании пирога; возвратилась из гимназии и Маша, сильно продрогнув под своей легкой тальмочкой. Павел увидел ее, как она осторожно пробиралась у стенки мимо окна, стараясь обойти грязь, прикрывая зонтиком не столько себя, сколько свои книги и какой-то пакет. Она улыбнулась ему, войдя в комнату, и тотчас поняла его вопросительный взгляд.

– Надежда Николаевна приедет, – сказала она, – только она просила не ждать её, потому что у неё маленькая сестра не совсем здорова.

– Значит, только вечером? – спросил Павлуша. – Только бы букет не завял!

– Не бойся, не завянет! – успокоила его сестра. – А ты посмотри, что тебе прислала наша начальница... Вот уж добрая, заботливая душа!

– Разве она знала, что сегодня Пашино рождение? – с изумлением осведомился Степа.

– Она-то не знала, да услышала, что Надя с Верой Алексеевной об этом говорят, вот она и вынесла вязаную фуфайку... Посмотри, какая теплая... Она вечно вяжет что-нибудь, и потом раздаривает... "Вашему, говорит, брату теперь надо беречься простуды, вот, передайте ему, пусть носит на здоровье".

– Дай Бог ей самой здоровья! – отозвалась Марья Ильинична, радостно рассматривая фуфайку.

Она тщательно сложила подарок Александры Яковлевны и, отойдя к дверям, таинственно поманила к себе дочь. Маша подошла в недоумении.

– В чем дело, маменька?

– А ты иди-ка сюда, иди! – говорила та, увлекая ее в тесную кухоньку. – Прочти-ка вот это!

Маша взяла из рук матери почтовый листок. Это была записка Молоховой к Марье Ильиничне, в которой та упрашивала ее принять новое платье для Паши и сказать, что это она сама ему купила па сбереженные деньги. "Прошлый раз я заметила, что мои подарки сконфузили его и были неприятны вашему мужу, – писала Надя, – поэтому я и прошу вас оказать мне эту услугу, добрая Марья Ильинична. Вы, я знаю, поймете, какого бы удовольствия меня лишили, если бы не согласились войти со мной в заговор. Я так люблю Пашу и всю вашу семью, что вы делаете мне истинное удовольствие и одолжение, когда позволяете доставлять вам, что могу. Лучшего и более для меня приятного потребления денег, которые отец дает мне на мои удовольствия, я, право, и придумать не могу"...

Маша прочла и задумалась.

– Ну, видишь?.. Что ж мне делать, как ты думаешь? – спрашивала нетерпеливо мать. – Не взять – её огорчим, да и где же нам Пашу так одеть?.. Ну, а сказать, что это я сама ему купила, так кто же мне поверит?.. И опять – боюсь, чтобы Михайло Маркелыч не осерчал; он и то уж как-то говорил: за нищих, что ли, она нас принимает?.. К чему эти подачки? Были-де и без неё живы... Ишь ты, гордость-то какая!.. А я, ей Богу, ничего такого и не вижу в том, чтобы от хорошего человека помощь принять... Какое тут унижение? Унижение, вон, красть, али выпрашивать, клянчить... А мы этого не делаем, её воля... За что же нам ее отказом обижать?..

– Так как мы с вами рассуждаем, маменька, – заговорила, словно вдруг проснувшись, Маша, – думают не все. Только те люди так понимают вещи, которые чувствуют и твердо уверены, что для них самих величайшее было бы счастье другим делать добро и свое отдавать, если бы они имели что-нибудь, если б только было из чего давать, – со вздохом прибавила она.

– А разумеется, так! Дал бы мне Господь достаток, разве пожалела бы я уделить бедному?.. С радостью!..

– Не надо никаких тайн делать, по-моему, а просто дать отцу и Паше прочесть её милое письмо. – сказала Маша. – Я уверена, что сами они поймут дело, как оно есть, поймут, что отказываться и неуместно, и грубо.

Так они и сделали, и все обошлось хорошо. Не только обрадованный прекрасным подарком мальчик, но и сам Савин был глубоко тронут вниманием и письмом Надежды Николаевны, и за обедом, кушая пирог, удавшийся на славу, несколько раз повторял: "Да, это человек, каких на белом свете мало!.."

А когда в сумерки, приехала жданная гостья, весело вошла, как ни в чем не бывало в комнату, с тортом в руках, и, как будто это был её единственный подарок, с поклоном поставила его перед Павлушей, все приветствовали её с такой горячей благодарностью, что она должна была понять, что хитрый проект её не удался...

— Ну-с, прежде всего мы торт отведаем, — сказала она, — это моя повинная: сама ваш пирог прозевала, так уж, нечего делать, привезла другой, чтоб не остаться совсем без пирога!.. Покушаем, — он, кажется, вкусный, — а потом я вам прочту один рассказ — премилый, пресмешной!.. Я уверена, что Павлуше понравится.

— Еще бы, не понравился!.. Всем, наверное, понравится! — отозвалось единодушно все общество.

— Он так уверен, что твое чтение всегда заслуживает похвалы и восторга, что заранее тебе и букет приготовил, — сказала Маша, придвигая брату цветы.

— Совсем не потому! — сконфуженно отозвался Павел. — Что ты это, Маша... Я просто... Мне товарищ принес, ну а я... На что он мне?

— Неправда, неправда! — вмешался Степа. — Разве мы не слышали, как ты его просил нарочно для Надежды Николаевны принести? Ишь, какой — отпирается!..

Все засмеялись над сконфуженным мальчиком, кроме Нади, которая взглянула на него ласково и сказала, любуясь букетом:

— Нарочно, или нет, но я очень благодарна вам Паша, за память... Да и за эти прекрасные цветы. Я так люблю их... Павлуша знает, как доставить мне удовольствие!

Глава VIII

Семейные передряги

В один из зимних дней в просторной детской комнате Молоховых, залитой янтарными лучами уже садившегося солнца, довольно мирно беседовали. Клавдия, стоя у окна и рассматривая на стеклах чудесные узоры, которыми разрисовал их дедушка-мороз, затеяла разговор о том, зачем зимой такой короткий день. С этим вопросом она обратилась к Тане, сидевшей на ковре с маленьким Витей. Таня была большая девочка, гораздо старше барышни Клавдии Николаевны, и очень смышленая. Обязанность её состояла в том, чтобы быть на посылках у нянюшки; но нянюшка очень любила подолгу распивать кофе и разговаривать в кухне, а потому дети, Фимочка и Витя, очень часто оставались на попечении одной Тани. Иногда она прекрасно забавляла Витю, играла с ним и старшей девочкой, рассказывала им сказки и пела песни. Но зато, когда она бывала не в духе, обоим детям приходилось плохо и скучно, да и от щипков Таниных небезопасно. Жалоб их она не боялась. Витя был еще мал, а Серафима была кроткая и боязливая девочка; старших же Таня умела ловко остерегаться.

Вот и теперь, едва заслышав шаги в смежной комнате, Таня сейчас же запрятала в карман семечки, которые грызла, не обращая на детей никакого внимания, и, схватив мячик, уселась на ковер против Виктора, будто забавляла его, катая по полу мяч. Шестилетняя Фимочка и до этого, и после этого, как взошла её няня, сидела смирно на скамеечке у низенького столика и, подпершись локотками на книгу с картинками, смотрела на опушенные снегом верхушки деревьев, росших под окном.

Закончив беседу о том, что зимой солнце по вечерам не нужно, старшие девочки, барышня и горничная, продолжали весело переговариваться о разных разностях, но Серафима их не слушала. Она задумалась глубоко. У неё часто бывали свои, совсем особые думы, чрезвычайно занимавшие болезненную девочку, которая удивительно пытливо вглядывалась во весь Божий мир, понемногу открывавшийся её воображению. Фимочка была почти всегда серьезна и сосредоточена: она мало говорила и не любила никого, кроме старшей сестры, Нади, немножко отца, да иногда братишки Вити, когда он не шумел и не дразнил ее. О своих думах она никогда никому, кроме опять-таки Нади, не говорила. С Надей она любила беседовать в одиночку, забравшись к ней на колени и тихо-тихо расспрашивая ее обо всем, что занимало её детскую, болезненно развитую головку. Как часто вопросы ребенка изумляли Надежду Николаевну и как ей трудно было порой отвечать па них!

Серафима и теперь поджидала сестру. Она звала что Надя ее никогда не обманывала, а потому была спокойна. "Я приеду к обеду непременно, – сказала она, прощаясь с девочкой, – а вечером мы сегодня с тобой посидим у меня в комнате". Посидеть в Надиной комнате считалось большим удовольствием, и Фимочка нетерпеливо ожидала, когда позовут всех к обеду и приблизится вечер. Но нетерпение у неё не выражалось капризами, как у других детей. Она вообще была довольно скрытна и очень тиха и молчалива. Её задумчивость была вдруг прервана громким спором сестры её с Таней. Фима невольно стала слушать.

Дело в том, что Клава высматривала в окошко, скороли вернутся домой все её сестры, гулявшие с гувернанткой, мать, поехавшая кататься в санках со старшим сыном, и, наконец, Надя. Она тоже ждала обеда с нетерпением, но по другой причине, чем Серафима: она уже несколько раз заявляла, что ей хочется есть и, наконец, сердито воскликнула:

– Что это, право! Хорошо маме с Елькой! Они, может, десять раз в кондитерскую заезжали и по десять пирожков съели сладких, так им ничего ждать не стоит, а я с двенадцати часов должна голодать!

– Чего же, барышня, не покушаете? – сказала ей Таня. – Я бы, на вашем месте, приказала подать, чего сама хотела, – и дело с концом.

– Да противная m-lle Наке маме насплетничала, что я жадная, а мама и не велела никогда мне ничего давать до обеда... Теперь ключница, как ни проси, ни за что ничего не даст... Я нарочно гулять не пошла, сказала, что голова болит; думала: пойдет Анфиса в кладовую – и я с ней, а она не взяла... Только одну черносливку да кусочек пастилы вынесла...

– Какая же вы барышня! – поддразнила ее Таня. – Барышни, что хотят, то и делают...

И Таня громко засмеялась, обратясь к Вите, который забавлялся игрушками.

– Вот мой барин! – вскричала она, схватив и со смехом подбрасывая ребенка на руках. – Мой барин славный! Он будет умный-разумный, все мне расскажет, всему научит!.. Правда, Витенька?.. Правда?

И она тормошила мальчика, который заливался веселым смехом в то время, как немного сконфуженная Клавдия, заслышав внизу голоса, побежала навстречу сестрам, а маленькая Фима глубоко задумалась над новыми, не приходившими ей еще в голову вопросами.

Фима очень любила вслушиваться во все, что старшим сестрам и брату рассказывали учителя и даже гувернантка. Она и теперь гораздо больше знала, чем ленивая Клава, а читать, с помощью Нади, выучилась с пяти лет. Теперь она уже разбирала маленькие рассказы и по-французски. Она понимала почти все, что говорили между собой Поля и Риада, но не любила их гувернантки и часто мечтала, что сама потихоньку выучится со старшей сестрой читать и писать и по-французски, и по-немецки и обойдется без уроков, m-lle Наке. В своих детских книжечках, которые отец, по просьбе и указанию Нади, часто приносил ей, Фимочка много читала о природе, но все-таки она не могла, например, понять, каким же образом, когда земля поворачивалась вниз, все люди и все, что на ней не крепко держится, не падало и не летело, как слетали оловянные солдатики Вити с его большого мячика, когда она его нарочно поворачивала?.. И потом: как же люди не чувствовали, что они висят вниз головами?.. Это очень смущало девочку. Кого она ни спрашивала, ей говорили, что она теперь не поймет объяснения, что она об этом узнает, когда вырастет... Да когда же она, наконец, вырастет?.. Времени проходило, как ей казалось, много, а она все такая же слабая и бессильная...

"Спрошу сегодня Надю, – раздумывала Фима по уходе сестры, – отчего солнце такое горячее, все в огне? Откуда такой огонь? И зачем, как так делается, что зимой оно меньше блестит и не такое горячее?.. Отчего?.."

Она подошла задумчиво к окну, приложилась подбородком к подоконнику и стала пристально смотреть на багровую полосу заката и уже темневшее небо, с которого сыпался мелкий снежок. Тихо крутясь и летая по воздуху, снежинка за снежинкой облепляли стены домов, садились на ветви деревьев, на стекла окон.

"Да, хотелось бы все это знать, всему научиться... Да куда мне? Разве если когда-нибудь буду совсем большая, старая, как папа?.. Папа умный, он все знает!.. Только некогда ему и... Он всегда смеется надо мной. Я боюсь его спрашивать!.. Лучше Надю... Много, много мне надо узнать. Все это, и кроме этого..."

– Что ты тут одна? О чем призадумалась? – услышала она вдруг ласковый голос.

Серафима и не заметила, что Таня давно унесла Витю в другую комнату, откуда уже слышались веселые голоса её сестер, а она стояла одна у окошка, в быстро темневшей комнате. Она обернулась, протянула руки и горячо обняла наклонившуюся к ней Надежду Николаевну.

– Пойдем к тебе в комнату? – прошептала она ей на ухо.

– Пойдем, непременно пойдем. Я же обещала тебе! Только прежде надо пообедать и непременно покушать супу. Слышишь, Фимочка?.. Не забудь, что это – главное условие: не съешь супу, так я с тобой и говорить не стану.

— Я поем, право, поем! — с гримасой и тяжким вздохом обещалась Серафима (она, как многие больные дети, очень мало и неохотно ела здоровую пищу и в особенности терпеть не могла всякие супы). — А ты сейчас после обеда за мной придешь, Надечка?

— Сейчас. Как только встанем из-за стола, я и приду. Но перед обедом я еще посижу с тобой и Витей здесь и посмотрю, как вы кушаете. Вам сейчас няня накроет...

Няня, действительно, входила с посудой для детского стола; но она только поставила ее, зажгла свечи и вышла опять, чтоб взять Витю на руки, а Тане — приказать накрывать на стол. Вслед за ней и мальчиком вошли разом все три сестры, и детская наполнилась говором, смехом и шумом. Полина и Риада рассказывали Клавдии, как они хорошо гуляли, кого видели; как их знакомые звали к себе в гости, на шоколад, но они не пошли, потому что надо было зайти в лавки, а к обеду мама не велела опаздывать, оттого что сегодня ожидали прабабушку: она приедет после вечерни, к раннему чаю, и всем надо с ней вместе пить, за большим столом. Она не любит, когда ей отдельно подают.

— Уж это такой каприз с её стороны заставлять нас всех в пять часов, сейчас после обеда, чай пить! — вскричала недовольно Полина.

— Это очень понятно, — возразила ей Надежда Николаевна, все время сидевшая молча и с улыбкой прислушивавшаяся к шепоту Фимы, которая взобралась к ней на колена и все что-то шептала ей на ухо. — Что ж удивительного в том, что прабабушка, так редко бывая у мамы, хочет видеть вокруг себя всю семью в сборе?

— Так приезжала бы к обеду, если уж не может долго сидеть! — возразила Поля. — А то из-за неё все должны стесняться.

— Не велико стеснение... — начала было старшая Молохова, но голос её был заглушен звонкими возгласами меньших сестер, заговоривших вместе, перебивая одна другую.

— Мне очень нравится, когда бабушка приезжает! Что ж такое, что она чай пьет? Мы тогда в девять часов опять другой раз пьем — вот и все! А она зато привозит нам всегда такие вкусные пряники, чудо! — заявила Клавдия, и начала подробно распространяться о качестве прабабушкиных тульских и вяземских коврижек.

А Риада в то же время объясняла Аполлинарии:

— Где ей обедать по-человечески? Она встает с курами, обедает в полдень и ложится спать с петухами.

— Ну да! — со смехом поддержала ее Полина. — Помнишь, когда мы летом к ней зашли, и она нас ужинать оставляла? А мы сказали, что еще и чаю не пили, что мама еще со званого обеда не возвращалась; помнишь, как она удивлялась?.. Говорила, что люди от этакой жизни должны заболеть, что это не здорово... Помнишь?

– Еще бы! У неё все или не здорово или грешно! В субботу вечером, говорит, нельзя в гости ездить, – грешно! Ко всенощной надо лучше идти... Такая смешная старуха!

– Мама говорит, что она совсем из ума выжила, – сказала Риада.

– Не думаю, чтоб мама когда-нибудь так выражалась, – строго остановила ее Надя. – Во всяком случае вам, детям, не хорошо это говорить о старухе, о прабабушке...

– У тебя семь пятниц на неделе! – заносчиво вскричала Поля. – Не ты ли сама всегда уверяешь, что правду надо говорить всегда и обо всех?

– Да вы не можете утверждать, чтоб это было правда; вы не можете еще правильно судить о людях!

– Это почему? Всякий имеет право свое мнение иметь!

– Только мнения бывают разные: справедливые и вздорные, умные и глупые...

– Ну, да, – буркнула Риада, – только у тебя с козой Машкой все умные мления!

Надежду Николаевну передернуло. Девочки громко засмеялись.

– Что это значит? Какая это коза Машка?

– Твоя подруга Савина, кто же другой? – дерзко отвечала Поля. – Она очень на козу похожа... Это и мама говорит...

– Мне решительно все равно, кто и что говорит про меня или о моих друзьях, – сказала Надя, едва сдерживая гнев, – мне только жаль, что я всегда забываю свое разумное намерение с вами не говорить. От вас когда же дождешься чего-нибудь, кроме дерзости или неприятности...

– Не сердись, Надечка, не уходи... – шептала Серафима, прижимаясь к пей крепче. К ней присоединилась и Клава. Она часто переходила на её сторону, против сестер.

– Охота тебе сердиться, Надя!.. Они так себе, глупости городят!

– Какая же тут дерзость? – оправдывалась Риада. – Кто же носит такие глупые имена: – Маша, Машка?.. Известно: коза – Машка, кошка – Машка, корова – Машка!.. Чем же мы в этом виноваты?

– Это вы напрасно, барышни! – вмешалась нянюшка. – Как можно! Марья – самое хорошее, православное имя. Пресвятая Богородица Марией называлась.

– А вы чего вмешиваетесь? То Дева Мария, а то просто Марья, Маша... Самое мужицкое имя, – возразила ей Полина.

– Мужицких имен на свете не бывает, – заметила Надежда Николаевна.

– Начинаются наставления! – фыркнула Ариадна.

– Для вас не стоит тратить времени... Садись, Фима, кушай! Вот, няня суп налила, – обратилась молодая девушка к меньшей сестре и усадила ее к столу, прибавив: – не бери примера со старших сестриц: будь добрая и умная девочка!

– Пожалуйте кушать, барышни – сказала, входя, горничная Софьи Никандровны. – Барыня приехала и приказали скорее подавать.

Три девочки, Клава впереди всех, побежали в столовую.

– Иди и ты, Надя, – степенно обратилась к ней маленькая Серафима, – иди, милочка! Не бойся: я, право, съем всю тарелку суну, и котлетку, и все, что надо!.. Иди! Не бойся!

И, словно желая вознаградить любимую сестру за все, что другие заставляли ее, терпеть, девочка посмотрела на нее с ласковой улыбкой.

– Я знаю, что ты никогда не обманываешь, и ничего не боюсь, – улыбнулась, в ответ ей, Надежда Николаевна и, поцеловав детей, тоже направилась в столовую, но на полпути остановилась в коридоре, и спросила:

– Пришла Марфуша?

– Нет еще, барышня, – отвечали ей.

– Когда она вернется, пожалуйста, пришлите ее ко мне в комнату, – сказала она и прошла в столовую, где уже собралась вся семья.

Отец Нади, не старый еще человек, почти всегда молчаливый и серьезный, с умным лицом и рассеянной улыбкой, какие часто бывают у людей очень занятых, когда они находятся в своем домашнем кругу, был на этот раз необыкновенно весел и разговорчив. Он шутил с детьми, подсмеивался над Клавой, предлагая ей, долго не думая, начать прямо с десерта, стоявшего на столе, так как всем было известно, что лакомая девочка очень охотно насыщалась бы одними сладостями, если б это ей позволили; расспрашивал Полину и Риаду, как идут французские и немецкие глаголы, а старшего сына, учившегося в гимназии, – о том, как здоровье Цицерона и Корнелия Непота. Елладий был не особенно прилежный ученик; зная это, отец над ним и шутил, совсем не замечая, что самолюбивый мальчик очень нетерпеливо принимал его шутки.

Вообще генерал Молохов, искренно любивший всех своих детей, очень плохо знал их характеры и многого не замечал, что творилось в семье его. Однако, молчаливость и невеселое выражение лица старшей дочери привлекли его внимание, и в средине обеда он спросил: что с ней, здорова ли она?

– О, совершенно! Не беспокойся, папа! – поспешила она его успокоить.

– Уж не говори! Что-нибудь да есть опять, что ты такая... Скучная и натянутая?..

Софью Никандровну рассердило это слово опять и она резко отвечала за падчерицу:

– Уж не знаю, что опять могло потревожить Надежду Николаевну?.. Уж, кажется, никто ей, ни в чем не перечит! А что она не в духе, так к этому, кажется, можно привыкнуть; она триста пятьдесят пять дней в году не в духе...

– В четыре года, значит, один високосный денек изволят быть в духе, – насмешливо заметил Елладий.

Девочки рассмеялись, но тотчас же сдержали смех, когда отец нахмурил брови и строго сказал, обращаясь к сыну:

– Не твое дело старшей сестре замечания делать! Смотри за собой, да считай, много ли ты в году дней уроки исправно готовишь.

– Уверяю тебя, пана, что я ничего! – обратилась Надя к отцу, стараясь улыбаться и не обращая, по-видимому, никакого внимания на брата и сестер. – Завтра у меня пробный урок – вот я и озабочена.

Молохов кивнул головой, словно хотел сказать: "Знаю я, знаю! Уж не морочь, пожалуйста!"

Он наклонился к своей тарелке и замолчал. Веселого его расположения духа как не бывало, и все за ним притихли. Софья Никандровна пробовала несколько раз обращаться к нему с вопросами, но Николай Николаевич, видимо озабоченный, отвечал неохотно и отрывисто. Тогда она попробовала заговорить с сыном, но и тут дело не склеилось: Елладий дулся и так злобно отвечал матери, что она, испугавшись за него, со страхом взглянула на мужа. Хорошо, что, занятый своими мыслями, он не слышал его дерзкого ответа. Так остальной обед и прошел натянуто и почти в молчании.

Когда все встали и хозяин дома перешел в свой кабинет, где и имел привычку пить кофе, читая газеты, Софья Никандровна сердито взглянула на падчерицу, проходя в гостиную мимо неё.

– Покорно благодарю вас, Надежда Николаевна! – сказала она раздраженно. – Изволили добиться своего, и весь вечер нам теперь испортили...

– Я не имею никакого права на вашу благодарности, – твердо возразила молодая девушка. – Я и то постоянно обманываю отца, ради его спокойствия. Но что же делать, когда я никак не могу научиться постоянно лицемерить?.. Поблагодарите лучше ваших детей за то, что они никогда не дают ни мне, ни вам покоя...

– Дети, – гневно вскричала Молохова, – идите в гостиную! Сейчас приедет бабушка, а вы тут, пожалуй, еще чем-нибудь прогневаете сестрицу... Я совсем не желаю, чтоб бабушка приехала на семейную сцену!

И она вышла вслед за пересмеивавшимися и пожимавшими плечами детьми, снова метнув грозный взгляд на Надю.

Девушка повернулась и тихо пошла в свою комнату, затаив вздох под гордой усмешкой.

"Вот так и живи день за днем! – печально думалось ей. – Это называется семьей, тесным домашним кругом!.. И чтоб было матери или бабушке, умирая, и меня с собой прихватить?!.. Зачем я замешалась в его семью? Ему на горе, и себе не на радость... Да, не весело жить на свете, чувствуя себя всем чужой и помехой тем, кого любишь!.."

Глава IX

Фимочка

Она, в печальном раздумье, вошла в комнату, смежную с детской. Оттуда выглядывало худенькое личико с задумчивыми глазками. Как бы в опровержение её отчаянных мыслей, прежде чем она успела сделать два шага, Серафима бросилась к ней с протянутыми ручонками и крепко повисла на её шее, повторяя:

— Вот за это я люблю тебя, что ты никогда не обманываешь!.. Душечка!.. Милочка... Как я тебя люблю!..

Надя подняла ребенка и прижала его к себе, чуть не со слезами на глазах, — так её тронула горячая ласка девочки в эту минуту.

— Теперь к тебе в комнату, да? — восторженно шептала Фимочка.

— Ко мне, ко мне, если тебе так хочется! — улыбаясь, отвечала ей сестра и тотчас же пошла с ней из детской. — Только, что же мы там будем делать?.. Кажется, ты рассмотрела все мои редкости?.. Чем мы сегодня с тобой займемся?

— Как чем? — искренно изумилась Фимочка. — Я столько, столько должна спросить у тебя!.. Столько, что не знаю даже, успею ли... Нам у тебя никто не помешает?

— Никто!.. Кто же посмеет?.. Хочешь, мы запремся?

— Да, пожалуйста! — озабоченно попросила Серафима и, остановясь у дверей Надиной комнаты, начала, нахмурив брови, хлопотать над ключом.

— Погоди, — остановила ее сестра, — здесь задвижка!.. Вот так!

И она, забыв недавнюю печаль, не переставая улыбаться, глядя на серьезное, чуть не торжественное выражение лица Серафимы, засунула задвижку, зажгла свечи на своем письменном столе и на камине, покрыла лампу, горевшую на круглом мраморном столике, у дивана, розовым абажуром и спросила, не хочет ли Фима, чтоб она засветила и китайский фонарик, висевший среди комнаты, чтоб уж у них было полное освещение.

— Зажги!.. А то – как хочешь... Сядем скорее: я буду тебя спрашивать.

— Неужели у тебя такие важные вопросы? — засмеялась Надежда Николаевна, зажигая пестрый фонарь.

Нарядная комнатка приняла еще более праздничный вид. Цветы, в соломенной жардиньерке, ярко оттенялись на спущенных белых занавесках; безделушки на этажерках, на камине блестели и искрились;

хорошенькие картины на стенах словно выступали из рамок; лампа разливала веселый розовый свет на блестящий кретон с розовыми полосками и гирляндами розовых же бутонов, покрывавший мебель и перегородку, за которой виднелось белое покрывало кровати Нади и её мраморный умывальник.

Они сели на диван. Хозяйка придвинула своей гостье большую красную книгу с золотым обрезом – любимый предмет Фимочки во всей комнате. Но на этот раз Фимочке было не до картинок. Она чинно села возле сестры, сложила ручки ладонями внутрь на колени и задумалась. Этот жест её был знаком Надежде Николаевне: он означал, что Фимочка собирается с мыслями и сейчас разразится вопросом, который ей надо будет так или иначе разрешить. Она смотрела на нее, улыбаясь, в ожидании.

– Скажи ты мне, пожалуйста, – деловым тоном начала Серафима, не поднимая глаз, устремленных на ковер, – скажи ты мне: снег – это дождь? – И Фимочка забросала сестру бесконечными вопросами, а Надежда Николаевна сосредоточенно и вдумчиво старалась растолковать ей многое, что еще далеко не было попятно её детской головке.

– Отчего трава и деревья растут на земле, на глазах у всех людей, разве ты можешь объяснить как они растут? Из чего они в земле сотворились сами собой? И не только они: всякий камешек, всякий металл, – железо, золото, серебро. Откуда берутся они в земле, ты знаешь? Я думала, большие все это знают и могут сказать.

Надя пожала плечами.

– Нет, этого никто не знает. Мы пользуемся готовым, что природа дает нам, и можем только радоваться и благодарить за все это Бога. Но я удивляюсь, Фимочка, откуда тебе все это приходит в голову?

– Ах, Надечка, – со вздохом продолжала Фимочка, – я никогда, кажется, не буду умной!.. Чтобы быть умной, надо так много учиться, столько знать!

– Для того, чтобы легче было всему учиться, надо только крепко желать как можно больше узнавать, как можно большему научиться!.. Тогда и учение легко покажется. Ты и теперь такая любопытная и столько знаешь, для своих лет, что, верно, будешь отлично учиться.

– Дай Бог!.. Только, когда-то это будет... Знаешь, Надя, я не умею думать о том, как я буду большая!.. Мне кажется, я никогда не вырасту...

– Ну, вот выдумала! И оглянуться не успеешь, как уж будешь большой девочкой. Я вот уж скоро буду старенькая, а как вспомню свое детство, так мне кажется, что это было вчера.

– Ты счастливая была маленькой, Надя. Как вы хорошо жили с вашей бабушкой, какая она была добрая!.. Няня твоя – какие хорошие сказки умела рассказывать!..

– Да, я тогда была очень счастливая, – со вздохом согласилась Надежда Николаевна. – Детство, вообще, счастливое время; но когда в детстве нас окружают и любят хорошие и умные люди – оно вдвойне счастливо!..

– Если я когда-нибудь буду большой, так я одну тебя буду вспоминать так, как ты вспоминаешь свою бабушку и свою няню и Верочку... Ты ведь говоришь, что и она с тобой также любила разговаривать обо всем, как и ты со мной теперь?

– Да. Сестра Вера всегда была моим другом.

– Как ты у меня... Видишь, ты счастливее меня! У тебя трое таких было добрых, как ты у меня одна.

– Какие пустяки, Фимочка! У меня не было матери, а у тебя мама, сестры твои, папа; все тебя любят...

Девочка снова покачала головкой.

– Нет, – сказала она с убеждением, – ты одна меня любишь. Папа меня... жалеет, а мама совсем не любит: она меня стыдится!

– Стыдится?! – не совсем искренно рассмеялась Надя. – Что ты, Господь с тобой!.. С чего тебе пришла в голову такая глупость?

– Не глупость это, я знаю!.. Сколько раз я видела, как она ласкает и целует всех, кроме меня... А ко мне если и придет, так только тронет за щеку, пожмет плечами, да скажет: "Не понимаю, в кого она такая? Совсем будто не моя дочь!" Сколько раз я сама слышала!..

– Ну, что ж! Мама это говорит только потому, что ты такая маленькая перед другими её дочерьми, вот и все.

– Нет, нет, не говори этого, Наденька, ты не знаешь... Уж мама-то меня совсем не любит... Да Бог с ней... Я и сама...

– Перестань, Фима! – поспешно остановила ее Надя. – Не хорошо дурно думать о маме. Тебе так показалось: она тебя любит, и ты должна любить ее...

Кто-то постучался в дверь и тем прервал речь Надежды Николаевны. Она встала, по правде сказать не без чувства облегчения и отворила двери.

Вошла её горничная и, увидав, что она не одна в комнате, стала ей что-то тихо и поспешно говорить.

– Ты самой Вере Алексеевне говорила? – спросила Надя. – Отчего ты так долго?.. Я уж думала, ты к самой Иванихе снесла?..

Марфуша отвечала, что Ельниковой не было дома и что она ее дожидалась, а когда она вернулась, так сама сейчас же "повезла" и обещалась сегодня же дать знать...

– Они сказали, что если Иваниха возьмётся, так они сами сегодня же к вам заедут, – сказала Марфуша.

– Сегодня?... Сама?.. Ельникова? – с большим интересом переспрашивала её Надежда Николаевна. – Ну, хорошо, Марфуша, спасибо тебе. Смотри же, карауль Веру Алексеевну; ты знаешь, она не любит у подъезда звонить.

– Знаю-с, барышня, будьте покойны!

Марфуша ушла, но сейчас же вернулась.

– Барышня, прислали вас обеих к чаю просить. Там бабушка приехали... Все собрались...

Надя оправила девочку, зачесала ей волосы назад со лба, на который они постоянно падали, и, взяв ее за руку, пошла в чайную.

Глава X

Бабушка и внучки

Это была большая угловая комната; средину её занимал круглый стол, на котором кипел серебряный самовар; чайный прибор был богато сервирован со всякими затеями: с булочками, сухариками, вареньями и печеньями. По стенам шел низенький турецкий диван, и на нем разместилась вся семья, кроме генерала, еще не вышедшего из кабинета, да Аполлинарии, которая распоряжалась у чайного стола. В средине сидела маленькая сгорбленная старушка, повязанная по-купечески шелковым темным платочком; черная же кашемировая шаль покрывала всю её тощую фигурку с резкими, но еще довольно красивыми чертами лица и удивительно светлыми, проницательными черными глазами, смотревшими прямо в лицо каждому человеку и пытливо и, вместе, ласково.

Это и была госпожа Соломщикова, Аполлинария Фоминична, бабушка-миллионерша, в честь которой на звана была старшая правнучка её; да и первородный правнук также получил свое редкое имя по её настоянию. По мнению старухи, православные люди непременно должны были называть своих детей именами святых того дня, в который родились. Елладий родился двадцать восьмого мая, в день святых Никиты, Игнатия, Елладия и Евтихия. Из всех четверых, Софья Никандровна, в угоду бабушке, выбрала самое, как ей казалось, благозвучное и поэтическое имя. Она, впрочем, и сама терпеть не могла "простых", то есть обыкновенных имен, что и объясняло вычурные имена всех её детей. Итак, прабабушка сидела, окруженная своей семьей. Возле неё внучка старалась занимать се приятным разговором; но она ее плохо слушала, внимательно осматривая всех детей и в особенности Полину, которая хотя старательно, но очень неловко распоряжалась с чайником и чашками.

— А не привычна она у тебя, Софьюшка, к этому делу! — вдруг заявила она. — Поля-то!.. И видно, что как в лесу... Непривычна!

— Где же ей, бабушка? Она — ребенок! Да и все больше с уроками, с гувернанткой... Ей еще по хозяйству рано...

— У нас, в наше время, не так бывало: хозяйство у девушки самое первое дело было!.. Какой же она ребенок?.. Тринадцатый годок... Я четырнадцати лет замуж шла, а с двенадцати, как скончалась покойница матушка, все хозяйство на мне лежало. Я всем уже правила сама, и даже батюшке, покойному, зачастую помогала по фабричной артели счеты сводить. Он меня, – спасибо ему и царствие небесное, – ко всему с измальства приучал. Хозяйство, работы женские, всякие рукоделия я хорошо знала, замуж выходя, а вот что из наук, так только грамоту гражданскую и церковную, да цифирь. Остальному в мое время не учивали... И даже цифири это, – как по-вашему, – арифметике, что ли? – мало кто женщин учил. Но у покойника отца свои на этот счет понятия были... Четыре правила я хорошо знала. А после и еще того лучше счету научилась, как овдовела по двадцать пятому году и все дело фабричное на меня одну легло... Да, да, жаль, что они у тебя, дочки-то, к хозяйству женскому не приучены... А старшая-то что же? – вдруг, осведомилась Аполлинария Фоминична и обернулась, зорко глядя на внучку. – Я говорю Николая Николаевича старшая дочка что же? Она ведь уже никак с науками покончила? Отчего же она у тебя этим не занимается?

– О, помилуйте, где же!.. – с явным неудовольствием и насмешкой в голосе отвечала Молохова, – Она у нас такая недотрога... Да и ученая барышня: до сих пор разным премудростям учится, в гимназию ходит.

– Ой ли?.. А мне помнилось, она кончила, еще золотую же медаль, говорили, она взяла?

– Взяла-то взяла, да, видно, ей этого мало...

– Бриллиантовую хочет! – перебил Елладий свою мать, но она остановила его строгим взглядом и продолжала:

– Она кончила свой курс, но посещает восьмой класс, чтобы получить права, видите ли, диплом.

– Я что-то в толк не возьму... Какие такие права?

Дети втихомолку переглянулись скрывая насмешливые улыбки. Ариадна наклонилась к брату, шепнув ему несколько слов, из которых мать с ужасом расслышала слово "бестолковая". Она метнула на нее грозный взгляд и очень усердно начала объяснять бабушке, какие именно права должен был дать её падчерице диплом домашней наставницы, в то время как Елладий очень красноречивым пинком под бок заставил Риаду не только умолкнут, но и отскочить от него на аршин. В другое время Ариадна непременно вступила бы с ним в жестокий бой. Она была большого роста, очень сильная девочка и легко забывала в минуты возбуждения и гнева все прекрасные манеры, все тонкое обращение, которому выучила ее гувернантка. Но теперь она, разумеется, сделать этого не могла, а только, злобно взглянув на брата, внутренне обещала себе "это ему вспомнить" и отошла к сестре.

В это время внесли Виктора, одетого, по случаю посещения бабушки, в шелковую русскую рубашку и поддевку, а Софья Никандровна приказала позвать Надю и Фимочку.

Аполлинария Фоминична стала целовать и крестить меньшего правнука, расспрашивать нянюшку, почему он – такой толстый, здоровый на вид трехлетний мальчик – все на руках, советовала делать ему ванны из соли и каких-то трав, чтоб укрепить слабые ноги ребенка.

– Чай готов, мама! – объявила Полина, и все поднялись, чтоб перейти к столу.

– А кресло бабушкино? Где же бабушкино кресло? – беспокойно спохватилась Софья Никандровна, – Елладий, подай бабушке кресло!

– Мне все равно, я и на стуле посижу, – говорила добродушно старушка; но правнук на сей раз беспрекословно принес и поставил ей на почетное место кресло.

Тут вошла Надежда Николаевна с Серафимой на руках. Девочка, непривычная к свету и шуму, обхватила её шею ручонками и крепко прижималась худенькой щечкой к свежей, горевшей румянцем щеке сестры.

Контраст между бледным, болезненным лицом ребенка и цветущей здоровьем молодой девушкой бросался в глаза. Соломщиковой такая близость между единородными сестрами очень понравилась, а хозяйке дома, напротив, почему-то была чрезвычайно неприятна. В то время, как бабушка ласково взяла за руку Надю, поцеловала ее и Фиму и, усадив их возле себя, разговаривала с ними, она, пожав плечами, вполголоса заметила своим дочерям:

– Очень эффектное появление... Как ваша сестрица любит рисоваться... Удивительно... Клавдия, – громко обратилась она к дочери, – пойди и скажи папе, что чай готов и что мы его ждем.

– Зачем же беспокоить Николая Николаевича, – сказала Аполлинария Фоминична. – ведь он позже привык чай пит?.. Да, к тому же, может быть и занят?..

– О, нет, бабушка! Он сказал, что выйдет, когда чай будет подан... Он с удовольствием посидит с вами.

– Ну, как знаешь. Я и сама рада с ним повидаться... Я давно вашего батюшку знаю, – обратилась старушка к Наде в то время, как Клава, неохотно оторвавшись от подноса, на котором она уже наметила себе самые вкусные сладкие пирожки, шла за отцом в кабинет. – Очень давно! Я и вашу бабушку и маменьку знала.

– Какую бабушку? Екатерину Всеволодовну? – живо спросила Надя.

– Да, Екатерину Всеволодовну, генеральшу Ельникову. Вас и на свете-то было, как мы с ними зачастую встречались, бывало.

– Где же вы встречали бабушку?.. Когда?.. Она здесь почти не бывала...

– Да я и сама не здешняя, душа моя. Я и сама в старости, вот пятнадцать лет всего, как сюда на жительство переехала. А ведь я жила прежде в Н-ской губернии; под самым городом, под Н-ском-то, наша ситцевая фабрика. А дедушка ваш, Андрей Аркадьевич Ельников, у нас десять лет губернатором был, так как же было мне их не знать?.. Много раз мы, бывало, встречались с бабушкой вашей, милушка моя: – и в приюте сиротском, и в богадельне, и в больницах, а то и в церквах, на Божьих службах. Бывало, выстоят они обедню, от креста идут приложившись, да, завидевши меня, поклонятся так ласково, подойдут...

– Бабушка, что прикажете: лимону или сливок? – резко перебила хозяйка дома, весьма нетерпеливо слушавшая беседу её со своей падчерицей.

– Благодарю, душа! Нынче скоромный день: можно и со сливками выпить... Ну, так вот они, бывало, подойдут и еще издали улыбаются: "Не вместе ли нам, Аполлинария Фоминична, по дороге?" – говорят. А улыбка у них такая приятная была... Бабушка ваша ведь славилась красотой... И добрая же была душа. Вся губернии о них обоих плакала, как перевели вашего деда от нас. Справедливый был человек и мудрый правитель... Давай Бог поболе таких правителей.

– Сейчас бабушка объявит, что Надежда Николаевна самого премудрого царя Соломона внучка, – по воздержавшись, шепнул Елладий сестрам.

Обе девочки тихонько фыркнули одобрительно, даже Софья Никандровна улыбнулась, не находя на сей раз нужным остановить остроумие любимого сынка, с которым сама внутренне соглашалась: уж очень был ей неприятен "подобострастный" тон, в котором Соломщикова говорила о родне первой жены её мужа. Ей казалось, что она, возвеличивая их, унижает себя и дает только этой "девчонке" повод еще больше важничать и гордиться.

А старушка между тем продолжала чрезвычайно интересовать своими бесхитростными, умными речами двоих присутствовавших: Надю, почувствовавшую к ней неожиданно живую симпатию, и Фимочку, все еще сидевшую на коленях сестры и не проронившую ни единого прабабушкиного словца. В то время, как Софья Никандровна старалась скрыть свою злость, то и дело с намерением перебивая разговор, а дети, – кроме, впрочем, Клавдии, исключительно занятой вареньем, булочками и пирожками, – переглядывались и пересмеивались за спиной бабушки, – Фима не спускала глаз с выразительного лица старухи, а головка её деятельно работала. Она слушала и думала и про себя повторяла незнакомые слова: "Фабрика, губернатор, приют, богадельня... Что это такое?.. Надо помнить! Надо спросить!.. Надя мне все расскажет".

– Они и сами у меня на фабрике не раз бывали, – продолжала рассказывать Соломщикова. – Все осматривали, всем интересовались... А в самое первое свое посещение насмешили они меня... Походили мы с ними всюду, все осмотрели, позавтракали у меня, а потом переглянулись этак с дамой, которая с ними была, да и говорят: "Аполлинария Фоминична, я к вам с повинной!.. " – "Что такое, – говорю, – ваше превосходительство?.." А они смеются и смотрят на меня, будто виноватые. Я уж тут догадалась и сама смеюсь, да и говорю: "Скажите, – говорю, – ваше превосходительство, что вам угодно, я для вас все рада сделать". – "Я, – говорит, – в том виновата, что вас обманула, будто приехала посмотреть только вашу фабрику, а ведь, по правде, я к вам с просьбой приехала: хочу вас просить участие принять в нашей женской больнице: не пожертвуете ли вы на нее хоть постельное белье, перемены на две?.. Большое вам спасибо скажем..." – "А я, – говорю, – ваше превосходительство, большое вам спасибо скажу, если вы мне позволите на всю вашу больницу на шесть перемен всего – и постельного, и всякого другого белья, сколько нужно, пожертвовать; да уж, кстати, и не откажитесь и ситчику двенадцать штучек взять. Я там приказала в вашу коляску снести. На платья, – говорю, – вашим сироткам в детский приют пригодится..." Ну, Екатерина Всеволодовна моя как вскочит, да ко мне на шею! "Вот спасибо!" – говорит. И ну меня целовать!.. После сколько раз мы с ними смеялись, что вот, мол, вы приезжали со мной хитрить, а я и вас перехитрила...

Старушка и Надя дружески, искренне смеялись; смеялись и прочие, только другим тоном...

Этой разницы, разумеется, не мог заметить сразу Молохов. Его приятно поразила картина общего оживления его семьи, так дружески-весело собравшейся вокруг чайного стола. Он приветливо поздоровался с бабушкой, спросил, о чем она так оживленно рассказывает, и удивился, что Надя в первый раз слышит, как она хорошо знала её родных.

– Так, значит, вы и других знали? – спросила Надежда Николаевна, когда отец её сел также к столу и попросил и себе стакан чаю. Ей так приятно было беседовать "о своих", что она ничего не замечала и не догадывалась о неудовольствии мачехи. Такая мелочность не могла быть понятна ей. – Вы, может быть, знали и маму, и дядю Алексея?

– Как же! Знала детьми, особливо маменьку вашу. Хорошо знала... Раненько и она замуж вышла! Очень молоденькой, и как, вышедши замуж, уехала, я с тех пор уж и не видела её. А вот, как дяденька ваш, военный, в гости к отцу и матери с женой и дочкой приезжал в наши места – очень хорошо помню. Знавать я их близко – не знавала, а видывала много раз... Такая хорошенькая, белокуренькая с ними дочка была, лет трех-четырех...

– Да это, должно быть, Верочка?

– А не знаю, как их звали, не знаю... Годков тому с двадцать уж будет... Если б и знала – позабыла бы... Память-то у меня плоха.

— Конечно, это Верочка, — подтвердил Николай Николаевич. — Другой и не было у твоего дяди дочери.

— Как? Вот эта подслеповатая классная дама или кто такая она; — вмешался Елладий. — Вот что в гимназии...

— Вера Алексеевна Ельникова дает уроки в гимназии, — не глядя на него, подтвердила Надежда Николаевна и тотчас же обратилась к старушке: — Если вам угодно ее видеть, Аполлинария Фоминична, я сегодня же это могу сделать: она сейчас у меня будет. Я жду ее с минуты на минуту.

— Я не думаю, чтоб бабушка сгорала особенным желанием видеть госпожу Ельникову, — вставила хозяйка дома свое слово.

— Нет, почему же? Я очень рада.

— Её-то уж вы не знали так близко, как остальное родство Наденьки; я думала, она вас интересовать не может...

— Я видела ее только ребенком, но с удовольствием посмотрю теперь на внучку Екатерины Всеволодовны, — простодушно возразила Соломщикова.

— Верочка может вам много рассказать о бабушке, — сказала Надя, — она все свое детство прожила с ней...

— И даже — всю молодость! — вставил Елладий.

Этого Аполлинария Фоминична уж не захотела пропустить без внимания, как с умыслом не замечала того, что говорила его мать.

— Таким молокососам, как ты, дружок, все люди, пережившие двадцать лет, кажутся стариками. Это потому, что самому тебе уж очень бы хотелось скорей попасть во взрослые люди... А что, каковы у тебя нынче отметки по ученью?.. В прошедшем году ты очень плохо шел в науках...

— Учусь, как умею, — буркнул Елладий.

— Надо лучше стараться, — твердо сказала бабушка. — Ноне такое время, что и с девиц много познаний требуется, а уж мужчине без познаний быть — все одно, что без головы и без рук народиться: пропадет.

— Конечно, так, бабушка, — с плохо сдержанной досадой сказала Софья Никандровна, — учиться необходимо; но из кожи лезть для того, чтоб хлеб себе снискивать, не всякому необходимо. Благодарение Богу, мои дети пропасть от бедности не могут...

— Мужчине стыдно на готовое рассчитывать, — заметил, вслушавшись, сам Молохов. Занятый своими мыслями, он часто рассеянно относился к окружавшему и теперь не слышал начала разговора.

— Почему же, если родители его могут обеспечить?

— Лучшее обеспечение у каждого человека в голове.

– Вот и я тоже говорю! – обратилась старуха к Николаю Николаевичу. – Стыдно мальчику плохо учиться!.. Не знаю, как теперь отметки у пего... Лучше ли?

– Похвалить нельзя! – ответил Молохов.

Тут Елладий не выдержал и, с громом отодвинув свой стул, хотел было уйти, но бабушка и отец в один голос остановили его.

– Постои, молодчик! Куда спешишь? – спросила Аполлинария Фоминична, нимало не смущаясь очевидным гневом Софьи Никандровны. – От добрых советов старших убегать не годится...

– А тем более убегать с таким громом, – прибавил отец.

– Уж, верно, не хороши у тебя отметки, что ты так испугался о них разговора?

– Какое кому дело до моих отметок! – дерзко закричал Елладий, весь красный от злости. – Что вам до меня?

– Потише, дружок!.. Мне до тебя большое дело, потому мать твоя мне сродни приходится.

– Не грубиянь, Елладий, – не возвышая голоса, сказал отец, но тон этих слов был таков, что Софья Никандровна с испугом взглянула на мужа и, желая как-нибудь уладить дело мирно для своего любимца, тихо сказала:

– Разумеется, Елинька... Ты понимаешь, что папа и бабушка говорят любя тебя...

И она попыталась взять его за руку. Но, не привычный сдерживать свой нрав, в особенности с матерью, Елладий злобно сбросил с себя её руку так сильно, что она крепко ушибла пальцы о доску стола, и закричал:

– Отстаньте! Убирайтесь с вашей любовью! На коего она...

Он не докончил. Отец его вдруг поднялся, побледнев от гнева.

– Ты смеешь так... с матерью?! – проговорил Молохов, задыхаясь от гнева, – Негодяй!.. Пошел в свою комнату!

Елладий вышел, ни на кого не глядя. Все присмирели. Генерал, молча, нахмурившись, опустился па свой стул. Хозяйка дома оперлась рукой на стол, закрыв лицо батистовым платком. Серафимочка прижалась к старшей сестре. Все девочки сидели, не шевелясь, и Клава перестала есть, забыв о сливочном безе на своей тарелке.

– Жаль, – прервала первая тягостное молчание Аполлинария Фоминична. – Нравный он у вас, непочтительный... Нехорошо...

– Что ж, мальчик самолюбивый... Ему стало обидно... – начала было мать.

– Нам обидно, что сын у нас дерзкий и никуда не годный растет! – оборвал ее генерал.

– Отчего ж "никуда не годный"? – обиделась Софья Никандровна. – Ты, когда рассердишься...

– Мы, знаешь ли, лучше об этом после поговорим! – снова перебил её речь Николай Николаевич. – Что следовало бы его отдать в какое-нибудь закрытое учебное заведение, подальше от домашнего баловства, – в этом никакого нет сомнения. Но... теперь не время рассуждать об этом. Утомлять Аполлинарию Фоминичну такими домашними сценами совсем не годится... Вы уж нас простите!

– Э, батюшка Николай Николаевич, мне недаром восемьдесят три года: всего я в жизни насмотрелась, и знаю, что в самой лучшей семье не обойтись без горя, да без домашних переделок... Это что еще – мальчик, юнец, его и поучить, и наставить на хорошее можно, лишь бы согласно... не было бы с одной стороны разума, а с другой баловства...

– Да, вот, именно!.. Баловство да поблажки с детства не мало людей погубили... Ну, – обратился генерал к девочкам, переменив топ: – вы что, стрекозы, присмирели? Что пирожка не докушиваете?.. На здоровье!.. Просим покорно!.. А твой чай? Надя, совсем простыл.

– Это не мой, папа, это Фимочкин... Она что-то его не кушает.

– Да она так к тебе приклеилась, что её и не видно.

– Любимица, должно, старшей сестрицы? – улыбаясь, спросила старуха.

Софья Никандровна досадливо отвернулась и принялась перемывать чашки. В её мнении, и в этой семейной неприятности опять-таки виновата её падчерица.

Разговор кое-как возобновился между гостьей, хозяином и его старшей дочерью. Надежде Николаевне доложили, что пришла Вера Алексеевна Ельникова, и старушка снова выразила желание ее видеть. Генерал сам пошел вместе с дочерью просить Веру Алексеевну. Софья Никандровна, между тем, немного успокоясь, поняла, что ей, волей-неволей, остается примириться с обстоятельствами и не ухудшать дела дурным расположением духа. Вследствие этого она приняла Ельникову очень любезно, изъявила даже сожаление, что так давно её у себя не видела, что она так не добра, что, часто посещая Наденьку, никогда к ней не заходит... Хотя разговор её старой родственницы, с появлением новой гостьи, снова перешел на господ Ельниковых и их старое знакомство, но его уже никто не прерывал недовольными или насмешливыми минами.

Аполлинария Фоминична посидела до половины десятого и затем объявила, что ей пора. Прощаясь, она поцеловалась с обеими молодыми девушками и просила их иногда навещать ее, старуху, что она им всегда будет очень, очень рада. Она произвела такое хорошее впечатление на Ельникову, да на сей раз впервые и на Надю, до сих пор её совсем не замечавшую, что обе они и побывать у ней обещали, и искренне решили свое слово сдержать. Когда Надя повела Серафиму спать, девочка прильнула к ней на прощанье с просьбой завтра опять взять ее к себе, в её комнату.

– Сегодня нам помешали, – говорила она, – а у меня теперь столько, столько нового! Ты мне завтра все это, все должна рассказать!

Надежда Николаевна обещала, и из детской поспешно прошла к себе. Там ее ожидала еще её двоюродная сестра, уже совсем готовая уехать.

– Ну, что, устроила? – было первым словом Нади.

– Устроила! Завтра же Савина придет в гимназию в своем дешево купленном бурнусе, – улыбаясь, отвечала Вера Алексеевна. – Только знаешь что, Наденька, я боялась, чтоб им не показалась подозрительной такая дешевая цена, как ты назначила, я и велела Иванихе, чтобы она не сразу... чтоб запросила рублей десять...

– Ах, Верочка, да нет у неё, у Мани, десяти рублей, пойми же!

– Прекрасно понимаю. Да разве ты не знаешь, как с такими торговками все торгуются?.. Не беспокойся, Марья Ильинична сейчас половину даст и нещадно торговаться начнет; тогда Иваниха ей и уступит.

– Ты приказала ей, чтоб она за пять уступила?

– За пять, за пять с полтиной, – не больше! А то, видишь ли, такой бурнус... Нельзя же, ведь сию минуту видно, что он совершенно новый, двадцати- тридцати рублевый бурнус... Еще, пожалуй, заподозрили бы...

– Никогда они не догадаются! С какой стати? Маня подумала бы скорей всякую небывальщину, чем меня заподозрила в такой хитрости с ней.

– Да и мне кажется, что лучше бы ты прямо ей подарила. Разве, чтобы что-нибудь Иванихе заработать дать... Вот, тоже несчастная старуха! После смерти дочери частенько ей голодать приходится...

– Знаю!.. Нет, я не для неё. Иванихе я всегда могу помочь, а мне для Мани не хочется... Пусть лучше думает, что сама купила... Она и то уж как-то тяготится...

– Правда, правда! Она и мне говорила, что не знает, как и чем тебе когда-нибудь отплатить, что ты их всех содержишь с тех пор, как брат её болен...

– Вот пустяки какие!.. Где же содержу? Откуда? – покраснев, возражала Надежда Николаевна.

– Откуда? – смеясь, повторила Ельникова. – Из собственного кармана! Ты, наверное, тратишь на них все, что тебе дает отец.

– Так разве можно на эти семью содержать? Да а не все же трачу, далеко не все...

– А ты думаешь, Савин сам больше имеет жалованья? Пожалуй, меньше... Да что об этом говорить! Прекрасно делаешь, что бедным людям помогаешь вместо того, чтоб на вздор разбрасывать деньги... Ну, а теперь прощай, милая!.. Поздно; пора мне домой...

– А мне еще надо к завтрашнему пробному уроку приготовиться. Целый день так прошел, что я его и не видела, и не успела даже присесть за дело.

И Надежда Николаевна, проводив кузину, переоделась в блузу и села к письменному столу – заниматься.

Все в доме давно уже спали, кроме неё да отца её, когда вернулась, далеко за полночь, её мачеха с большого званого вечера, куда ездила, чтоб развлечься и успокоиться после домашних неприятностей".

Так Софья Никандровна сама себе объясняла желание свое ехать в гости, одеваясь на вечер, после отъезда бабушки. Она напоминала об этом вечере и мужу, но Николай Николаевич отговорился служебными занятиями, как отговаривался почти всегда от всяких приглашений. Он только что выслал из своего кабинета сына, которого призывал для строгой головомойки. Выговоры отца имели кое-какое влияние на Елладия, хотя довольно скоро забывались; зато он вымещал всякое неудовольствие на матери. Ей и в этот вечер пришлось еще раз выслушать грубости сынка, когда она пришла проститься с ним и утешить его на сон грядущий. Это, впрочем, было ей не диво и не помешало весело провести время в гостях...

Часов в двенадцать Надежде Николаевне послышалось, что Виктор плачет. Она пошла в детскую посмотреть, в чем дело, но оказалось, что она ошиблась.

"Зайду проститься с папой, – подумала девушка, – он верно еще не спит".

Николай Николаевич не спал. Он только что отложил прочитанные бумаги и думал взяться за книгу. Он очень обрадовался, когда она вошла.

– Ты не спишь еще, Надюша? – удивился он. – А я думал, что уж ты второй сон видишь...

– Нет, папочка, я никогда не ложусь ранее часу. У меня и теперь еще дело есть... А я пришла проститься. Спокойной ночи!

– Спокойной ночи, душа моя! Долго не засиживайся за книгами: береги зрение.

Надя присела возле отца, на ручку его глубокого кресла, он обнял её талию, и оба они разговорились и не заметили, как прошел час в беседе.

Грохот кареты, въезжавшей во двор, напомнил им о времени:

– Ого, как мы засиделись! Это мама вернулась: значит, уж второй час. Прощай, голубушка, спи спокойно!

И Молохов поцеловал дочь, а она поспешила уйти в свою комнату, не желая встречаться с мачехой.

– "Не ставу больше заниматься! – решила она. – Авось и так хорошо сойдет. А какая славная ночь!.."

Она затушила лампу. В искрившееся блестками окно смотрела полная луна.

"Слава Богу, – было последней мыслью Надежды Николаевны перед сном, – завтра Маня придет в гимназию в теплом бурнусе!.."

Глава XI

Печали и треволнения

В ближайший свободный день Вера Алексеевна с Надей сдержали свое слово и побывали у Соломщиковой. Она жила в собственном большом доме, где занимала ту же квартиру, что и при сыне, отдавая остальные в наймы, но с таким большим выбором, что помещения у неё часто стояли подолгу пустыми. Небольшие денежные потери далеко не настолько смущали богатую старуху, как препирательство и неудовольствия с беспокойными или неаккуратными жильцами. Одну квартиру она даже отдавала даром семье своего бывшего управляющего фабрикой; даже просто содержала вдову его и троих детей, которые, кроме пенсии и помещения получали у неё даровой стол. Не зная этого, наши молодые девушки очень удивлялись, найдя Аполлинарию Фоминичну за ранним обедом в целом обществе, где было двое детей: девочка лет девяти и мальчик еще поменьше. Старший сын вдовы Лукьяновой был уже большой гимназист, но ужасный дикарь, переконфузившийся страшно при появлении двух незнакомых девушек. Он поспешил кое-как доглотать последнее кушанье, чуть им не подавился от излишнего конфуза и, упорно уставясь глазами на свои колени, насилу дождался минуты, когда все поднялись, и в ту же секунду исчез.

– Ишь ведь какой он у тебя несуразный, Анна Максимовна! – заметила старушка матери его, покачав вслед ему головой. – Людей хуже волков боится!

– Непривычен он к чужим людям. Все над книжками своими корпит, – оправдывала своего сына Лукьянова.

Хозяйка попросила своих гостей не в гостиную, которая была видна рядом, со своими большими зеркалами и тяжелой, богатой мебелью старинного фасона, а в свою келью, как она называла комнату, в которой и спала, и постоянно сиживала. Эта комната, вся заставленная шкафами, сундуками и коваными ларцами, была действительно похожа на монастырскую келью тем, что восточная стена её вся сплошь уставлена была иконами, в богатых ризах и окладах, пред которыми теплилась неугасимая лампада. Тут старушка усадила молодых девушек и, под предлогом, что они отказались от её раннего обеда, а она не могла же отпустить их без угощения, приказала подать кофе и чай со множеством закусок и сластей и так их угостила, что обе они в этот день совсем не обедали и засиделись у неё до вечера. Между прочим, старушка просила их указать им какую-нибудь бедную гимназистку, которая могла бы заниматься с её крестницей, маленькой Лукьяновой, и приготовить ее в первый класс гимназии.

– За платой я не постою, – сказала Аполлинария Фоминична, – лишь бы хорошая, знающая девушка.

Нечего и говорить, что первая мысль обеих девушек пала на Савину. Такой урок мог заменить ей два в других домах и, кроме того, избавить ее от лишней беготни. Они обещались прислать Машу Савину поручась за её знание и добросовестность, и не откладывая, отправились от Соломщиковой прямо к ней.

Они застали всю семью Савиных в сборе. Так как зимой Павлуше было не так много дела, и к тому же день был праздничный, то и он был дома и сидел за книгой возле сестры, пользуясь светом лампы, при которой она спешно переписывала за отца какие-то бумаги. Неподалеку от них Степа стругал палочки для предполагаемой мышеловки; в глубине комнаты Марья Ильинична собирала посуду к чаю, а старик Савин ходил из угла в угол, в очень невеселом расположении духа. Дело в том, что уже несколько месяцев он замечал, что зрение его сильно слабеет, а в последние дни он до того стал плохо видеть, что положительно испугался слепоты. Что будет с семьей его, если он ослепнет и должен будет оставить службу?.. Он боялся представить себе будущее. Уж и теперь он был принужден почти всю письменную работу передавать дочери, но ведь нельзя же было ему брать ее с собой и на службу, не говоря уже о том, что бедняжка надрывалась над работой, и что такой усиленный труд, такой недостаток сна сильно влияли на её здоровье.

По обыкновению, гостям обрадовались и, вместе с тем, смутились их неожиданному посещению. Ельникова завела разговор со старшими хозяевами, а Надя увела Машу в её уголок и сообщила ей предложение Соломщиковой и все выгоды, которые, по её мнению, она могла извлечь из этого урока. Савина горячо поблагодарила ее, но, к удивлению Молоховой, не дала решительного ответа и вдруг, среди речи, закрыв лицо руками, отчаянно заплакала...

Это так не согласовалось с её характером и обычаями, что у Нади сжалось сердце предчувствием чего-нибудь очень дурного. И в самом деле, она сама вся похолодела от страха за этих бедных людей, когда Маша сказала, что, вероятно, ей придется выйти из гимназии, не кончив курса, без диплома, потому что отец её слепнет, и ей одной, пока подрастут братья, придется содержать всю семью. Надежда Николаевна утешала ее, как могла, тем, что это, быть может, временная болезнь глаз, что она попросит Антона Петровича завтра же побывать у них, и он, вероятно, успокоит их и вылечит Михаила Маркелыча; но тем не менее у неё самой кошки скребли на сердце, когда она оставила их.

– Во всяком случае, – сказала она на прощанье, – тебе немыслимо оставлять гимназию в этом году. Подумай: ты ни места не можешь получить без диплома, ни порядочных уроков. Какой же расчет?.. Для интереса твоей же семьи необходимо перебиться как-нибудь, чтобы ты могла окончить восьмой класс.

– Будто я сама этого не знаю, Наденька! Да что ж поделаешь? Голод не ждет... Если отцу придется оставить службу, чем же они прокормятся целый год?.. Разумеется, я без крайности не оставлю гимназии, все зависит от здоровья отца...

Все зависело от его здоровья, без сомнения. Потому-то Надежда Николаевна на другой день и ждала с большим беспокойством, Антона Петровича, обещавшего непременно в течение дня побывать у Савиных, а оттуда заехать к ним. Известия, привезенные им, однако, далеко не успокоили Надежду Николаевну. Доктор отнесся очень серьезно к состоянию зрения Машиного отца, посоветовал ему немедленно побывать у специалиста и дал ему записку от себя к лучшему окулисту в их городе.

– Вот все, что я мог сделать, – сказал он. – Это не моя специальность, но все-таки я должен был предупредить их, что болезнь очень серьезная...

– Он ослепнет? – со страхом спросила Надя.

– Нет, этого я не могу утверждать. Может быть, захватив вовремя, можно помочь ему; но расстройство зрительного органа сильное и довольно уже застарело. Ему необходимо бросить всякое занятие, беречься света, в особенности при огне никогда ничего не читать и не писать...

– А все ого дело письменное, и теперь так рано темнеет!

– Да, я знаю, что это трудно... Придется Савиным пережить плохое время, но что же делать? Лучше же временно перетерпеть, чем дать ему окончательно ослепнуть.

Так сказал доктор Шолоховым, а известный окулист подтвердил его мнение еще решительнее. Он советовал Савину поступить в его глазную лечебницу да и в таком случае не мог поручиться за будущее...

– Так зачем же я буду последние крохи у семейства отнимать и даром на себя их тратить? – решил Савин и, вернувшись домой, заявил своим, что не стоит лечиться попусту, еще в долги входить, потому что все равно ослепнет.

В тот же день Маша прибежала вечером к Надежде Николаевне рассказать о великом их горе. Она говорила, что надеется уговорить отца переменить решение, что она решилась его обмануть: занять и сказать ему, что у неё есть деньги, что она скопила их уроками.

65

– Немножко у меня в самом деле есть, – рассказывала она на ходу, спеша бежать на урок. – Ты знаешь, как мне дешево посчастливилось купить бурнус? У меня двадцать рублей было скоплено, а я купила за пяти, с полтиной... Завтра попрошу вперед за уроки, авось, дадут, а нет, так хоть займу, заложу все свои вещи, твой браслет, – ведь ты не рассердишься?.. Надо же, как-нибудь! Но главное...

– Очень рассержусь! – прервала ее подруга. – Что за заклады, когда ты просто можешь у меня занять.

Маша покраснела до корня волос.

– У тебя я не могу, – с трудом промолвила она. – Ты уж и так на нас разоряешься...

Молохова, в свою очередь, вся вспыхнула и горячо начала протестовать и укорять Савину в недостатке доверия и дружбы к ней, утверждая, что это ей очень обидно, и что она, поменяйся они местами, никогда бы так не поступила: всегда прямо обращалась бы к ней во всякой нужде.

– И почему ты знаешь, что я от тебя потребую когда-нибудь? – заключила она. – Может быть, тебе еще придется мне услужить в десять раз больше, чем мне тебе! А если ты будешь так церемониться со мной, так и я никогда, ни за чем к тебе не обращусь...

– Многого лишишься! – насмешливо прервала ее Савина. – Долг платежом красен, а с меня – какой платеж?..

– Почем ты знаешь? Почем ты знаешь?.. – не дала ей договорить Надя. – Жизнь долга, никто будущего не знает... Во всяком случае, стыдно тебе, Маши, и а от тебя этого не ожидала...

– Да чего же ты не ожидала? – прервала ее Савина. – Бог с тобой, Надя!.. Я, вот, и теперь, сейчас пришла к тебе недаром, а с просьбой...

– Ну, и прекрасно! Ты знаешь, сколько всего надо заплатить в лечебницу?

– Не в том дело; ты нам гораздо действеннее можешь помочь...

– Как?... Так говори же скорее, в чем дело?

И Савина ей объяснила, какую действительную пользу она могла оказать их семье.

Как только она ушла, Надежда Николаевна отправилась в кабинет отца, который еще сидел за своими послеобеденными газетами.

– А-а! Милости просим! - сказал ин. – Редкая гостья! Чем могу служить?

– Именно служить, папочка! Ты можешь мне оказать огромную, огромную услугу, – прямо приступила она к делу.

– Будто бы?.. Очень рад! Скажи, в чем дело, постараемся.

– Ты ведь приятель с Грохотским?

— С председателем палаты? — с удивлением спросил Николай Николаевич.

— Ну, да, с графом Грохотским.

— То есть, как тебе сказать?.. Приятель — много сказать; в наши годы какие же приятельства?.. А мы, как ты знаешь, знакомы хорошо... Я его знаю за хорошего человека.

— За хорошего? Правда?.. Он ведь добр к своим подчиненным? Да?..

— Ну, этого не скажу тебе! — смеясь, прервал ее отец. — Под начальством его не служивал, а думаю, что хороший человек со всеми должен быть хорош. Да ты что же, в его ведомство на службу, что ли, поступить хочешь?

— Не смейся, папа, мне не до шуток... Видишь ли, в его канцелярии, или как там, в палате, что ли? — служит отец одной моей подруги, Савин...

— Савин?.. Не слышал!

— Да он небольшой там чиновник...

— Ах, да! Верно, отец этой черненькой, что к тебе приходит?

— Ну, да, да! Отец Маши Савиной.

— Он просто писарь, кажется, или письмоводитель?

Надежда Николаевна вспыхнула.

— Ну, так что ж?.. Разве и ты тоже... разбираешь? — сердито сказала она, нахмурив брови. — Тебе не все равно, кто он?..

— Мне решительно все равно. Я только хотел узнать, кто он, чтоб иметь понятие, в чем дело, — добродушно возразил генерал, печально и пристально всматриваясь в дочь, потому что она так поразительно напоминала ему свою мать, что воспоминания прошлого вдруг восстали пред ним с удивительной ясностью, как давно невиданная дорогая картина...

— А когда все равно, так и не разбирай — генерал он, или писарь, а помоги, как человеку человек. Вот и все!

Молохов ласково обнял и притянул к себе дочь.

— Не кипятись, кипятилка моя, — сказал он, — скажи лучше, в чем твоя просьба, и я, что могу, все сделаю...

— Вот так-то лучше! Спасибо тебе заранее! — воскликнула она, крепко целуя отца. — Ты только знай, папочка, что все, что ты для Савиных сделаешь, все это ты сделаешь для меня!

— Ой ли?.. "О дружба — это ты"? Так ли?..

— Именно так. Я половинных чувств не признаю: люблю — так люблю, а...

— А ненавижу, так на смерть?...

— Нет, слава Богу, я никого не ненавижу, а равнодушна ко многим, и уж не могу лицемерить...

– Ну, говори же: что я могу сделать для твоих друзей? – серьезно спросил Молохов.

И Надя рассказала ему: о бедности Савиных, о его страшном недуге и спросила, не может ли он попросить за него Грохотского, чтоб ему было дано время на лечение, и, если возможно, вспомоществование. Последнее она уж сама придумала: мысль о денежной помощи и в голову не приходила Савиной.

Генерал задумался,

– Вот видишь ли, моя душа, – сказал он, поразмыслив, – я узнаю, я порасспрошу о службе Савина, о нем самом, и тогда постараюсь устроить для него, что возможно. Если только он известен за добропорядочного чиновника, то я не сомневаюсь, что Грохотский не лишит его места и подождет выздоровления. Что касается до вспомоществования, я обещать успех тебе, разумеется, не могу, не зная ни положения Савина, ни мнения о нем его начальства; но во всяком случае я попытаюсь... У них еще, кажется, сын был болен недавно? Ведь это к ним ты тогда возила доктора?.. Ты, верно, их в самом деле очень любишь?

Надежда Николаевна подтвердила это и рассказала отцу все, что знала о Савиных. Беседа их была продолжительна и кончилась тем, что отец попросил свою балованную дочку не сокрушаться так о её друзьях, потому что, если бы не удалось ему выхлопотать Савину вспомоществование па лечение, то они вполне может рассчитывать на его личную помощь.

– Уладим как-нибудь! Не горюй, моя девчурка. Для тебя, ты знаешь, я всегда готов сделать все, что могу, и тем более рад помочь, если люди стоят сами по себе участия.

Надя вышла от отца немного успокоенная. Она знала, что он никогда не давал пустых обещаний и была уверена, что лечение Савина и помощь семье теперь обеспечены.

В расчете своем она не ошиблась. Молохов выхлопотал и вспомоществование, и все, что было нужно. Тем не менее, зрение Савина не только не поправилось, но, не далее как через неделю после поступления его в больницу, глазной доктор объявил, что болезнь его только можно было бы оттянуть, если б ранее захватить ее, но что она неизлечима.

Глава XII

Для милого дружка – сережка из ушка

Глубокая, тяжкая печаль овладела всей семьею. Отчаяние самого Савина было так мрачно, он так желал сам себе смерти и так отчаянно призывал ее, что на него больно было смотреть посторонним, а для близких его это была настоящая пытка. К счастью, такое острое состояние продолжалось недолго. Савин заболел нервной горячкой, после которой последовал полный упадок сил. Шесть недель спустя после его выздоровления, мир Божий сокрылся для глаз его, и этот, недавно бодрый еще и здоровый человек превратился в расслабленного, почти впавшего в детство старика. Впрочем, жена его дети, измученные видом его первого безумного горя, благодарили еще Бога за то, что он успокоился. Такое состояние тихого, безвредного прозябания все же было сноснее, чем дикие порывы и припадки злобы, во время которых приходилось прибегать к силе, чтобы помешать несчастному покончить с жизнью.

В первое время ближайшее начальство, заинтересованное участием Молоховых в судьбе этой семьи, также приняло в ней участие. Савиным выхлопотали усиленную пенсию. Но, несмотря на эту существенную помощь, жизнь предстояла им крайне трудная. Маше Савиной оставался еще восьмой, педагогический, класс, но мать настаивала на том, что у неё и так довольно уроков, что гораздо лучше ей выйти из гимназии, которая только время напрасно отнимает, и, не ожидая никаких прав, кормить себя и семью своими заработками. Сколько ей ни доказывали преимущества диплома, бедная женщина не хотела понять их и твердила только одно:

– Терять целый год! Целый год, – быть, может, последний год жизни отца, – заставлять его терпеть лишения, холодать, и голодать, и из-за чего?.. Из-за права получить казенное место? Да кто нам даст его?.. Мало барышень, охотниц на места классных дам и учительниц в гимназиях, чтобы нашей сестре еще их добиваться?.. Никогда Маше не получить такого места! А чтоб по купцам да мелкому чиновничеству уроки давать – на это у неё и теперь есть право, и незачем ей от уроков отказываться из-за того, чтобы самой чему-то доучиваться. Будет с неё и того, что знает!

– Так вы из-за одного года хотите ее лишить возможности зарабатывать гораздо больше? – возражали ей Ельникова, Надя Молохова и сама начальница гимназии, принявшая живое участие в своей способной и заботливой гимназистке. – Из-за того, чтоб один только год не потерпеть как-нибудь, вы хотите обречь вашу дочь на грошовые заработки, которые сегодня есть, а завтра нет их, на вечное бегание по улицам во всякую погоду по полтинничным урокам?..

– Для нас, бедных, простых людей, лучше воробей в руках, чем синица в облаках, – упорно возражала мать.

– Нет, не лучше! – столь же упорно возражала Молохова. – У вашего воробья верного мало...

Наступили экзамены. Маша окончила курс с прекрасным аттестатом, одной из лучших. Надежда Николаевна покончила совсем с гимназией, но охотно осталась бы в ней в качестве учительницы, если бы не щепетильная боязнь отнимать у других, нуждающихся в заработках девушек, насущный хлеб, в котором ей не было нужды. Ей так не хотелось войти в колею "девиц", окончивших курс, кандидаток на "выезды", которые предали бы ее на волю мачехи; её так пугало праздношатание и безделье, которые она искренно ненавидела, что она готова была взять уроки в бесплатной школе, набрать себе даровых учениц, лишь бы не проводить праздных дней без всякого определенного дела и обязанностей. При её натянутых отношениях к мачехе и сестрам, – отношениях, все чаще и чаще доходивших до неприязни, по мере того, как дети вырастали и голоса брата и старших девочек получали более значения, – ей трудно было освоиться с ними и быть полезной в семье. То малое, что она могла сделать для Фимы, оставляло ей все-таки слишком много праздного времени, да в последнее время Софья Никандровна косилась на дружбу своей дочери с сестрой и требовала, чтобы Серафима больше бывала в классной комнате сестер, с гувернанткой, чтоб приучалась "к занятиям и хорошим манерам", а главное – училась бы языкам. Девочке такие распоряжения матери были очень не по сердцу. От Поли и Гиады она редко слышала доброе слово. Они смеялись над ней, называли "кислятиной", "немой рыбой" и тому подобными прозвищами и никогда не принимали ее в свое общество. Они по большей части все свободное время болтали и пересмеивались между собой о таких вещах и людях, о которых Серафима и понятия не имела; а если что ее и заинтересовывало, она не спрашивала объяснения у старших сестер, потому что знала хорошо, что они ей ответят насмешкой или грубостью.

И говорить нечего, что бедной Фиме очень было горько отдаление от старшей сестры, а часы, которые она проводила, по приказанию матери, с гувернанткой, в комнате Поли и Риады, не только не приносили ей никакой пользы, но раздражали характер болезненной, впечатлительной девочки и еще более расстраивали её здоровье. Невольное отдаление от единственной сестры, которая была к ней искренне привязана, еще более

70

увеличило отчуждение между Надеждой Николаевной и семьей её отца. Щадя его спокойствие, она старалась, чтобы до него не доходили домашние дрязги и собственные её печали; но, деятельная от природы, любящая и желавшая не одними словами приносить пользу всему ее окружавшему, она поневоле искала дела вне семьи и все свои заботы устремляла на чужих людей. Нигде не чувствовала она себя более нужной, более любимой, как в семье Савиных, и сама так горячо к ней привязалась, что её интересы и нужды стали на первом плане в жизни молодой девушки. Постоянно занятая заботами о них, придумывая, как бы им помочь, как облегчить жизнь и трудные обязанности Маши, она в один светлый день, в начале лета, вдруг осенилась мыслью, составила план и решительно принялась за его выполнение.

Прежде всего, она, рано утром, побежала посоветоваться с кузиной. Она застала Веру Алексеевну уже за делом: она только что полила свои цветы, до которых была страстная охотница, налила свежей воды и засыпала корму канарейке, оглашавшей звонким щебетом её чистую, светленькую комнату в третьем этаже, и готовилась сесть за пяльцы, за только что начатую очень большую работу, в которой ей помогало несколько её хороших знакомых, являясь к ней по очереди. Когда раздался нетерпеливый звонок, она подумала, что это именно пришла одна из них, и очень удивилась, увидав Надю.

– Что так рано? Сегодня не твоя очередь... – начала было она, но Молохова не дала ей докончить.

– Да я не затем! – вскричала она, стремительно бросаясь на стул и обмахиваясь платком. – Слушай: ты должна мне найти уроки!

Ельникова посмотрела на нее, прищурясь, словно не расслышала; потом спокойно сняла с туалета веер и подала его ей, говоря:

– С чего это ты так раскраснелась? Успокойся, переведи дух.

– Мне нечего успокаиваться: я не устала, – нетерпеливо возразила Надя. – Какая ты несносная со своей методичностью и замечаниями! Я продумала всю ночь, прибежала с тобой поговорить, а ты...

– А я хочу, чтоб ты говорила спокойно и удобопонятно, – улыбаясь, прервала Вера Алексеевна.

Надя только рукой махнула, зная из долгого опыта, что хладнокровия Веры не переспоришь и ничем не нарушишь. Она переждала секунду и продолжала:

– Я пришла просить тебя найти мне... то есть, помочь мне найти уроки, у кого-нибудь совсем чужого, незнакомого, понимаешь?

– Нет, не понимаю. Зачем же это тебе понадобилось?

– Ах, да не шути, Верочка! Я, право, пришла не для шуток... Я не могу, не хочу брать уроков у людей, которые меня знают, которые могли бы рассказать об этом Софье Никандровне.

— То есть, ты боишься мачехи и хочешь скрыть от неё? Я нахожу...

— Я никого ровно не боюсь, и мне все равно, что ты находишь! — сердито перебила Надежда Николаевна. — Если бы я знала, что, вместо дела, ты мне будешь читать наставления, как добродетельная гувернантка неразумной воспитаннице, я и не пришла бы к тебе... Что ты, в самом деле, выводишь меня из терпения!

— Зачем ты так легко из него выходишь?.. Ну, не сердись, не сердись! Говори, что ты такое задумала?... Ну, перестань же!.. Я вся внимание. Видишь?.. Рассказывай!.

И Надежда Николаевна сменила гнев на милость, и обстоятельно рассказала свой план, состоявший просто-напросто в том, чтобы в пользу Савиных давать уроки так, чтобы Маша могла быть спокойнее, а для того, чтобы не было лишних пересудов и разговоров, ей очень хотелось бы, что бы об этом никто не знал.

— Я сначала думала даже уговориться с Машей я так устроить все, чтобы меня за нее считали, что бы она брала на себя эти уроки, а я вместо неё их давала, но, кажется, это трудно...

— Это не только трудно, но просто невозможно. — решила Вера Алексеевна. — Такой обман сейчас бы открылся и только повредил бы и ей и тебе,

— Ну, да! Я сама так подумала... Мне, видишь ли, это пришло в голову из эгоизма. Собственно говоря, какое мне дело до Софьи Никандровны? А как подумаю, что она начнет расспрашивать, да допытываться, да к отцу приставать, — так поневоле хочется устроить так, чтоб ни она и никто не знал.

— Неужели ты и отцу не сказала бы?

— Не знаю, — нерешительно отвечала Надя. — Нет, я думаю, ему бы сказала по секрету, — засмеялась она. — Но потребовала бы с него слово, что он меня не выдаст.

— Да?.. Ну, так и сделай. Тогда можешь быть равнодушна к тому, что Софья Никандровна узнает. Но, вот что, — разве ты говорила уже с Савиной? Согласится ли она?..

— Она должна будет согласиться! Я просто поставлю это условием: или она оставит свою глупую щепетильность, или я ее знать не хочу!

— Ну, будто ты могла бы это сделать?

— Могла бы! Разумеется, могла бы! Заставила бы себя это сделать!... Это будет так глупо, так мелочно с её стороны, что я сочту се совсем другою, — не такой, какую я в ней вижу!.. Тем более, что она прекрасно знает, что мне это вовсе не трудно, что я хочу найти себе дело, мечтаю о том, чтоб быть полезной на что-нибудь, а не бить баклуши. С какой же стати ей артачиться и мешать мне?.. Из-за мелкого, глупого самолюбия?.. Так если она такова – Бог с ней! Только уж тогда пусть не взыщет: я не терплю ни получувств, ни полумер!

– Ах, ты бедовая, бедовая!.. Какая ты Надежда, ты настоящая Горячка Николаевна! – шутила Вера Алексеевна.

Однако же, она с участием разговорилась с ней о занимавшем их деле и даже сообщила ей, что тотчас же может ей доставить один очень хороший урок.

– Мне предлагают к осени приготовить одну девочку к третьему классу, – сказала она, – но я не возьмусь: хочу отдохнуть, да у меня и без того есть два урока, которых я не могу оставить. Я думала о Савиной, но ведь у неё, кажется, больше чем она может поспеть, особенно теперь, с уроками у Соломщиковой... Правда, ей не надо позволять утомляться: грудь-то у неё, как и у меня, не очень надежная...

– А что, разве ты замечаешь, что у тебя болит грудь? – с опасением спросила Надежда Николаевна и пытливо посмотрела в лицо двоюродной сестры.

– О, нет. Я, слава Богу, совершенно здорова, только Антон Петрович напугал меня: уверяет, что мне надо особенно беречься... Да я и сама чувствую, что много заниматься мне не по силам: ведь у нас в семье болезнь легких, ты знаешь...

Надя разом побледнела. Она вспомнила, что дядя её, Верин отец, умер от чахотки, и мать её всегда была слабого здоровья и пережила его только одним годом. Сердце её сжалось и глаза со страхом устремились на бледное лицо с тонкими чертами, показавшимися ей вдруг почти прозрачными. Чувства и мысли кипели в ней, но она молчала. Что-то ей стеснило горло, она боялась заговорить...

Вера Алексеевна вдруг подняла па нее глаза от своей работы и даже изумилась.

– Что ты, Господь с тобой!.. – вскричала она и рассмеялась, взяв её за руку. – Господи, какая ты впечатлительная... Это ты перепугалась, что я скоро умру? Не беспокойся, еще поживу, чтоб на твоей свадьбе потанцевать...

– Нет, в самом деле, ты устала за зиму, Верочка. Знаешь что, тебе бы надо на свежий воздух, пожить бы в деревне...

– Ну, да! Не съездить ли мне в Ниццу, или на остров Мадеру? Как ты думаешь?..

– Нет, а не шучу! Это было бы отлично, если б только было возможно. Какая жалость, что у нас в семье все так не по-человечески! Ведь Софья Никандровна едет с детьми в деревню на этой неделе; если б она была человек, как другие, как бы хорошо тебе было съездить с ней недель на шесть: ведь все равно моя комната будет пустая...

— О, вот уж не поехала бы, хотя бы умирала! — весело воскликнула Вера Алексеевна. — Помилуй Бог! Это было бы вернейшим средством нажить смертельный недуг... А ты отчего не едешь?..

— Да по той же причине... Спасибо!.. Я рада радешенька, что папа остается из-за службы и я могу одна с ним пожить. Особенно мне это теперь с руки... Пожалуйста, Верочка, не забудь моего дела.

— Нет, нет, я сегодня же напишу Александре Яковлевне, узнаю где остановились Юрьины, — эти господа, у которых урок. Это — приезжие, мать с дочерью; говорят, богатые люди... Я устрою тебе это, не бойся; вот только с Машей уладь, чтоб твои труды не пропали даром.

— Даром-то уж, никак не пропадут, хотя бы потому, что я не умру со скуки от безделья. Не сходить ли мне сейчас в гимназию к Александре Яковлевне и узнать адрес? Как ты думаешь?

— А тебе не терпится? Как хочешь.

— Только захочет ли она для меня хлопотать? Она ведь всегда старается устраивать только бедных...

— Ей надо рассказать, в чем дело и успокоить ее, что ты с согласия отца, — отвечала Ельникова. — Вот видишь ли, тебе это неловко: как будто бы ты собственным великодушием похваляешься, а я без церемоний поговорю с ней за тебя... Ты лучше иди себе домой, переговори с отцом, повидайся, если хочешь, с Машей Савиной, а я схожу к Александре Яковлевне, и потом приду к тебе с ответом. Так-то лучше будет!

— А ты когда пойдешь? Я боюсь, что Юрьины найдут кого-нибудь...

— Загорелось! Ты, право, точно ребенок, Надя!.. Как только придет Наташа Сомова, я ее усажу за пяльцы и пойду. Успокойся, сегодня же, может быть, мы с тобой побываем у Юрьиных и покончим дело.

И девушки распрощались. Молохова пошла домой, где, пользуясь отсутствием мачехи, отправившейся закупать все необходимое, по мнению её, в деревне, в тот же день переговорила с отцом. Она верно предполагала, что препятствия её затее с этой стороны не будет: как деловой человек, всю жизнь привыкший к труду и самостоятельности, Николай Николаевич в высшей степени уважал в других это качество и был чрезвычайно доволен тем, что дочь его хотела и умела усидчиво работать. Он не счел нужным предупредить об этой затее свою жену, да, сказать до правде, просто забыл это сделать, так что Софья Никандровна еще не успела выехать в деревню с детьми, как уже её падчерица, без ведома её и согласия, дала первый урок Ольге Юрьиной, способной и скромной девочке лет двенадцати, которую надеялась без труда приготовить в третий класс.

С Савиными Надя поладила отлично. Вместо того, чтоб спорить с Машей, она прямо повела атаку па Марью Ильиничну и легко уговорила ее.

— Эти уроки для меня забава и удовольствие, а помочь вам и Маше в таком важном деле – истинное счастье. Не отнимайте его у меня, дорогая Марья Ильинична! Вы этим докажете, что истинно меня любите и верите, что я вас люблю всей душой!..

И она бросилась на шею растроганной старушке, целовала и душила ее в своих объятиях. И плача вместе с ней и смеясь, она ее так затормошила, что Марья Ильинична насилу перевела дух, чтоб заикнуться об её семье, о том, что ее осудят, не позволят ей.

— Пустяки, пустяки! – возражала Надя, – Папа знает и позволил, и очень рад... Все вздор!.. Я не могу ничего не делать. Я бы, все равно, взяла уроки и занималась. А поурочная плата на что мне? Разве я нуждаюсь?.. Я так рада, так счастлива, что это – лучшая моя награда. И пожалуйста, пожалуйста, не смейте заикаться Маше о нашем секрете, Марья Ильинична! Слышите?.. Это наше с вами дело и до неё не касается. А то, если б она узнала да вздумала кобениться, я б, кажется, ее возненавидела... Так и знайте, да! Ведь вы верно не хотите, чтоб я возненавидела Машу?.. Ну вот! Пусть же она себе знает своих два урока да свой педагогический курс и – больше ничего, до остального ей нет дела: это уж мы с вами уладим...

— Да как же, дорогая вы моя барышня, – заикнулась было Савина, – ведь это никак нельзя от неё скрыть! Ведь она же не ребенок: знает наши средства и сейчас приметит...

— Ну, до этого мне никакого нет дела! Это вы там, как знаете, а только, чтобы я не слышала об этом от Маши ни словечка, – ни от неё, ни от вас самих – ни полслова! Иначе вы меня обидите, так и знайте!.. Это дело теперь решено между нами, секретно подписано и сдано в архив. Каждый месяц вы будете получать от Юрьиных, а потом от других, от кого придется, что следует за мои уроки и – извольте забыть, что я их даю, а не Маша. Вот и все!

И, заручась честным словом Марьи Ильиничны, счастливая выше слов, Надя убежала, не дав ей времени высказать всю свою благодарность, все благословения, которые посыпались на голову её, когда уж она была далеко...

Глава XIII

В разлуке

Горько плакала Фимочка, расставаясь со своей сестрой. Надя утешала ее, что в деревне славно – все в цвету, везде зелень; ягоды поспели, скоро и фрукты в саду будут зрелы; Фима будет гулять по полям, собирать грибы в лесу. Девочка слушала неохотно и недоверчиво, и на все похвалы деревне и все утешения Нади отвечала ей только одно:

– Если там так хорошо, отчего же ты не хочешь ехать с нами?..

– Я не могу, моя милая, – возражала старшая сестра, – у меня есть дело здесь. Я большая и не могу думать об одном удовольствии...

– Нет, – со вздохом отвечала Серафима, – уж какое там удовольствие без тебя... Уж лучше бы я здесь с тобой осталась...

Но об этом, конечно, и речи быть не могло, и в половине июня все Молоховы, кроме отца и старшей дочери, выехали до осени из города.

Два с половиной месяца этого лета, проведенные Надеждой Николаевной вдвоем, с глазу на глаз с отцом, в прилежной работе на пользу ближнего, с редкими перерывами, посвящаемыми удовольствиям, в виде поездки в праздник за город, катанья в лодке по реке со своими приятельницами или прогулки в лунный вечер с отцом, – всю жизнь потом вспоминались ею отрадно. Она почти ежедневно виделась с Верой. То помогала ей шить, то уводила куда-нибудь подышать свежим воздухом, возила ее кататься, забирая с собой и Машу Савину, "по дороге", как она говорила, хотя лошадям, оставшимся в полном её распоряжении, приходилось для этого делать добрый крюк. Иногда у Надежды Николаевны собиралось несколько подруг, и тогда в тихом, опустевшем доме Молоховых поднимался дым коромыслом от болтовни, пения и игры на фортепиано. Генерал, когда бывало время, с удовольствием присоединялся к "молодой компании" и часто дивился, какая его дочка веселая да оживленная стала. Он совсем не знал, с этой стороны, её характера. Раз он окончательно был изумлен, войдя в чайную и увидав там, за обычным ей ранним чаем, "бабушку" Аполлинарию Фоминичну и целое общество незнакомых ему лиц, с которыми превесело беседовала Надя, разливая чай на хозяйском месте. Дело в том, что Надежда Николаевна давно собиралась попросить к себе в гости старушку и воспользовалась праздничным днем, чтобы исполнить свое намерение. Она просила не ее одну, а также и жилицу её Лукьянову с детьми.

Старший гимназист, разумеется, ни за что не явился бы, как бы его ни просили, а потому Молохова и удовольствовалась меньшими, с которыми, кстати, они все, особенно Савина, дававшая уроки девочке, были хорошо знакомы. Все это общество показалось очень многочисленным Молохову; но, когда его познакомили со всеми, он ни за что не согласился с Аполлинарией Фоминичной, предположившей, что дочка захотела его своей кутерьмой со света сжить и не дает ему покоя в собственном доме.

– Напротив, бабушка, я рад, сердечно рад, что Надюша моя, оставшись со мной одна, не скучает. Спасибо вам, что ее не забываете, а я её гостям всегда бываю рад, – возразил Молохов.

Истину своих слов он подтвердил тем, что весь вечер провел вместе с гостями своей дочери.

Но такие удовольствия случались раз, два в неделю, не больше. Остальное время было посвящено занятиям. Кроме Юрьиных, нашелся еще один урок, который Надя с радостью приняла. Да и сама она, дома, училась прилежно английскому языку и брала уроки музыки. Музыка была любимым предметом её, но до сих пор не было времени заниматься ею серьезно, да к тому же и не хотелось ей играть в гостиной, на виду у всех, мешая гостям своей мачехи или ей самой. Теперь, на просторе, она много играла каждый день, а три раза в неделю приезжал к ней лучший учитель в городе. Игра её совершенствовалась заметно, и она сама так полюбила музыку, что с горестью помышляла о том, что скоро лишится возможности свободно ею заниматься. Раз, беседуя с отцом, она высказала ему свою печаль. Он сначала удивлялся, но, подумав, согласился с ней, что ей неудобно играть на общем рояле, на котором целыми днями то учились, то просто бренчали Поля, Риада и Клавдия, не говоря уж о самой Софье Никандровне и её гостях. Он ничего не отвечал дочери, но на другой день предложил ей прокатиться с ним, а когда они сели в коляску, он спросил ее:

– Тебе все равно, если мой подарок опередит на несколько недель день твоего рождения?

– Совершенно все равно. Но мне, право, ничего не нужно...

– Ты сама своих нужд не знаешь, – улыбаясь, возразил отец. – Тебе необходимо маленькое пианино, которое ты поставишь в своей комнате, чтоб не пропали даром твои теперешние занятия музыкой.

И пианино, при помощи услужливого учителя музыки, было в тот же день выбрано и заняло почетное место в хорошенькой комнате, приводившей в такой восторг маленькую Фиму.

Справляя, за несколько дней до возвращения всей семьи, новоселье своего дорогого пианино, в обществе своих приятельниц, Надежда Николаевна не ведала, что этому подарку отца, доставившему ей столько радости, суждено еще было усладить её бедной маленькой сестре много печальных часов, – последних часов её недолгой жизни...

В письмах своих к мужу, Софья Никандровна никогда не распространялась о своей деревенской жизни, ограничиваясь общими фразами да множеством поручений. Дети никогда не писали отцу, а тем более нелюбимой сестре. Раз только Клава сделала в письме матери кривую приписку, в которой просила "милую Надю" попросить бабушку прислать ей вяземских миндальных коврижек, без которых ей очень скучно. Вот и все. В предпоследнем письме мачехи Надежда Николаевна прочла, однако, что Серафиме деревенский воздух совсем не принес пользы, что она все болеет, исхудала так, что от слабости с трудом передвигает ноги и сделалась невозможно капризна.

– Бедная Фимочка! – вздохнув, проговорила Надя. – Видно, ей в самом деле лучше было бы остаться с нами.

За несколько дней до возвращения Молоховых, приехала часть прислуги и ключница Анфиса, которая я передала барышне незапечатанную четвертушечку бумаги, на которой она с трудом разобрала начертанные карандашом крупные, полуистертые буквы Фимочкиного послания.

"Как я рада, что скоро тебя увижу! – писала она. – Я больна. Теперь уже совсем больна. Хорошо, если приеду, а если нет, – прощай Надечка! Я тебя очень люблю, очень! Больше всех. Мне без тебя было скучно... Я рада уехать отсюда к тебе, рада буду посидеть с тобой опять в твоей комнате. Хоть бы скорей! Твоя сестра Фима".

Слезы выступили на глаза Нади, когда она разобрала разрозненные строки, которые здесь приведены в порядок и исправлены. Она горько упрекнула себя в том, что сама ранее не вспомнила, что Фимочка уже знает писаные буквы, и не догадалась написать ей. Она призвала Анфису и со слезами слушала её рассказы о болезни меньшой сестры, о том, как она, у всех на глазах, ежедневно слабела и таяла, "что Божья свечечка пред иконой".

– Уж мы с нянюшкой их всячески от сглазу и вспрыскивали, и отчитывали, и по зорькам росой умывали – нет, ничто не помогает! – рассказывала ключница с видом убеждения в силе таких лекарств. – Уж, видно не жилица она на свете! Так, верно, ей на роду написано...

– Как?! Неужели ей в самом деле так плохо? – в ужасе вскричала Надежда Николаевна, и сердце её сжалось до боли от горя и раскаяния, что она, среди своей деловой, впервые самостоятельной жизни, почти забыла о бедненькой больной, не любимой в семье сестре своей. – Так зачем же ее не лечили? – продолжала она расспрашивать. – Разве доктора не приезжали к ней?..

– И, барышня, какие там доктора!.. Был раз доктор, – у барыни зубы болели, так посылали за ним лошадей в уездный город, – да что в нем толку?.. Сама барыня сказывала: "Это коновал какой-то! Куда ему людей лечить?.." Серафиму Николаевну поглядел и говорит: "Желудок, говорит, у неё засорен, касторки надо дать – и как рукой снимет". А чего же там засорен, когда у них во сутками маковой росинки во рту не бывает? Так сболтнул, чтоб только сказать что-нибудь...

– Так отчего ж отсюда доктора не выписали? Написали бы и мы Антона Петровича попросили бы...

– Да слышно было, что барыня думали выписать, а потом так порешили, что барышня и здесь также хворали и что не стоят выписывать, потому сами скоро назад, в город, переедут...

Надя ушла в свою комнату с очень тяжелым сердцем. Она сейчас же села к своему столу, выбрала самую красивую из своих бумажек, на которых никогда не писала, а держала только как украшение своего письменного прибора, разыскала конверт, окруженный гирляндой цветов, и крупными буквами нависала ответ Фиме в самом веселом духе, как только могла ласковей и шутливей, чтоб по возможности развеселять больную девочку. В конце, обещая ей долгие беседы в своей комнате, она говорила, что в ней еще завелась такая прелесть, такое чудо, которое наверное приведет ее в восторг. "Приезжай только, – заканчивала она свое письмо, – ты увидишь, какой сюрприз нам с тобой приготовил папа. А заранее сказать, что именно, – не хочу: догадайся!.. А не догадаешься – тем лучше: больше тебе будет удовольствия, когда сама увидишь".

Догадаться Фимочка, разумеется, не могла, но это красивое письмецо сестры много доставило ей счастья и много помогло маленькой страдалице терпеливее перенести последние дни разлуки и тяжесть обратного путешествия. Лежа в карете на подушках, она крепко сжимала цветной конвертик с письмом Нади, по целым часам молча глядела в окно на мимолетные облака, на бежавшие мимо поля и деревья и все думала о том, что ожидает ее в Надиной комнате. По временам, даже счастливая улыбка появлялась на бледном, исхудавшем личике...

В конце августа погода было сразу повернула на осень, так что Молохов, по настояниям дочери, телеграфировал жене, чтобы она, ради Серафимы, переждала, не пускалась в обратный путь, если холод и дождь будут продолжаться. Но после нескольких бурных дней солнышко скоро появилось и пригрело землю. К этому времени Надежда Николаевна успешно закончила одно предпринятое ею дело: маленькая Юрьина была принята в третий класс гимназии. Но мать её умоляла Молохову продолжать с ней послеобеденные занятия. Сама она была слабая, болезненная женщина и не могла следить за уроками дочери. Надежда

79

Николаевна не отвечала решительно: она не знала, каково будет здоровье Серафимы. Она обещала дать ответ через неделю за себя или рекомендовать другую временно, вместо себя. У неё была еще одна приятельница и подруга, Наташа Сомова, тоже окончившая курс вместе с ней, богатая девушка, очень желавшая испробовать свои силы в педагогическом деле. Её-то она и рассчитывала попросить заменить себя, пока ей нельзя будет оставить больной сестры. Таким образом, ни она, ни Савины ничего бы не потеряли, и Юрьиной не пришлось бы иметь дело с другими, незнакомыми людьми. Юрьина хорошо сохраняла их тайну, потому что была предупреждена обо всем заговоре самой начальницей гимназии, хорошо с ней знакомой. Таким образом, все дело улаживалось хорошо. Савина, благодаря помощи Молоховой, спокойно могла продолжать курс, довольствуясь двумя, тремя послеобеденными уроками. Соломщикова, благодарная ей за успешное приготовление к гимназии крестницы, просила ее давать уроки её меньшому брату и продолжать наблюдать за занятиями девочки и щедро вознаграждала её труды. Маша не знала, как ей и благодарить Веру Алексеевну и Надю за доставление ей такого урока. Она несколько раз принималась убеждать свою подругу, что она напрасно рискует неудовольствием Софьи Никандровны и мнением своего круга, что они прекрасно могут обойтись её личными заработками; но Надежда Николаевна об этом и слышать не хотела. Она желала иметь занятия сама для себя, ей дела нет ни до чьего мнения, кроме своего собственного, и ни до чьих одобрений, кроме отцовского и всех честных людей, разделяющих его взгляды на жизнь. Она хочет и будет давать уроки, а если она желает тратить свои заработки на то, чтобы близким ей людям, как Машины отец и мать, жилось на свете приятней, и они сами согласны и позволяют ей доставлять себе такое удовольствие, то никто в этом помешать не может. Никому, а в том числе и ей, Маше, никакого до этого дела нет.

Вообще, всегда кроткая и спокойная девушка, как только речь касалась этого, задушевного для неё, предмета, становилась раздражительна и говорила так резко и решительно, что Савиной приходилось покоряться её воле из страха ссоры, разрыва с подругой, которую она преданно любила, которой была столько и так глубоко обязана. Она скорее готова была побороть и смирить свое, порой восстававшее, самолюбие, чем рисковать её дружбой.

Итак, теперь весь вопрос заключался в состоянии здоровья маленькой девочки, которую Надя, едва сдерживая слезы, приняла на свои руки в самом начале сентября и понесла по лестнице в дом.

Глава XIV

Возле больной

Надежда Николаевна внесла, как перышко, Фиму в свою комнату и положила её у себя на розовом диване, подложив ей под голову подушку. Девочка, истомленная переездом, слабо улыбалась ей: но, отдохнув немного, она обвила руками шею сестры, будто боясь, чтоб та опять её не оставила.

– Что болит у тебя, Фимочка? – спрашивала старшая сестра, стоя на коленях у дивана.

– Не знаю... Все... – отвечала девочка.

– Но что же именно?... Где больше болит?.. Головке, или ножкам? Ты, говорят, совсем ходить перестала... Не можешь ходить?

– Да, не могу.

– Тебе больно?

– Нет... А трудно... Не стоят ноги... Будто их нет... Больше всего болит спинка. Иногда очень болит...Иногда тоже вот тут...

Она приложила исхудавшие, как щепки, ручонки к впалой груди.

Сердце у Нади все сильнее ныло. Она старалась улыбаться, сдерживая невольную дрожь в углах рта, явно показывавшую, как ей трудно бороться с волновавшими ее чувствами сожаления к больной сестре.

У дверей, оставшихся полуоткрытыми, послышался голос Клавы:

– Можно и мне к тебе, Надечка?

Она не вошла сразу, потому что гувернантка ей не советовала тревожит m-lle Nadine, во избежание неприятностей. Но любопытство превозмогло: Клаве очень хотелось узнать; что такое удивительное появилось в отсутствие их в комнате старшей сестры, чем она так прельщала Фиму в своем письме.

На её голос, Надя неохотно обернулась, а на бледном лице больной появилось беспокойное выражение; она боялась, что это одна из старших сестер, но, узнав Клавдию, тихо проговорила, словно успокаивала Надежду Николаевну:

– Ничего, это Клавочка. Она добрая...

– Войди, Клава! – позвала старшая сестра. – Иди сюда... Я, кажется, с тобой не здоровалась?

– Да... нет... Ты ушла с Фимой...

Клавдия медленно двигалась, окидывая комнату зорким взглядом.

– Ах, это что? – вскричала она, остановясь среди комнаты и указывая пальцем на пианино, заслоненное от больной девочки горкой цветов.

Фимочка чуть-чуть приподняла голову, но тот час же ее опустила на подушку.

– Ах, это то! – слабо вскричала она. – Надечка, это, верно, то?..

Надежда Николаевна с трудом сообразила.

– Что?.. Ну, да, разумеется! – улыбаясь, отвечала она. – Ты еще не видела папиного подарка, Фима? Посмотри... Вот, погоди, я тебя подкачу...

И, отодвинув стол, молодая девушка зашла за спинку дивана и осторожно покатила его по мягкому ковру. Фимочка повернула голову; глаза её оживились любопытством и нетерпеливым ожиданием.

– Фортепиано! – радостно вскричала она, когда сестра подкатила ее. – И какое чудесное... Хорошенькое... Прелесть!.. Ты мне сыграешь что-нибудь, Надечка?

– Что хочешь, душечка. Ты ведь охотница слушать песни?.. Ну, вот, я буду тебе играть всякие...

– Да, я люблю, очень люблю, только редко я слышала. А теперь ты часто будешь мне играть и петь? – радовалась Серафима.

– Петь-то я не умею, а есть у меня знакомые, которые знают много песен, и мы будем просить их, когда они ко мне придут. Только надо лечиться, Фимушка, надо непременно вылечиться...

– M-lle Наке говорить, что она не может выздороветь, – брякнула Клава, осматривая пианино.

– Какой вздор! – вскричала старшая сестра. – Что ты говоришь, Клавдия?.. M-lle Наке не доктор. Она ничего не понимает в болезнях... Вот Антон Петрович осмотрит Фиму и вылечит ее... Увидишь, Фима, каким ты молодцом недельки через две-три станешь! Мы еще с тобой в горелки побегаем, пока тепло, увидишь!

Больная девочка смотрела на сестру печальными глазами, и взор её, казалось, говорил, что она втайне думала: "Вряд ли этому быть... С каждым днем я слабею", но она не сказала этого. Она часто и прежде дивилась, почему не может, как другие девочки, думать о том, что будет чрез несколько лет, представить себя взрослой, здоровой девочкой. Она смолчала ради того, чтоб не огорчить сестры, но не могла верить её обещаниям.

По просьбе её, Надя села к пианино и наигрывала ей песни, которые приходили им в голову. Их больше вспоминала и требовала Клавдия, не перестававшая дивиться, как хорошо Надя играет. Самой Фимочке хотелось бы, чтоб сестра сыграла ей что-нибудь другое, хорошее, что-нибудь настоящее, как называла она серьезные пьесы, которых названия

82

не знала; но видя, что все эти "Птички" да "Серые козлики" веселят Клаву, которая и подпевала их, и хохотала от удовольствия, она молчала. Когда же здоровая, растолстевшая еще больше на деревенском воздухе девочка ушла "чай пить", Серафима сказала:

– Ну, милочка, теперь сыграй мне что-нибудь такое хорошее, тихое и печальное, знаешь? Вот как раз ты мне играла зимой, когда никого не было дома, а мы с тобой пошли в гостиную, помнишь?

Надежда Николаевна вспомнила, что ей тогда понравилась серенада Шуберта, и сыграла ее. Девочка слушала внимательно, со счастливой улыбкой па бледном личике, иногда закрывая глаза, но нс переставая вслушиваться в звуки.

– Как хорошо! – вскричала она. – Точно летишь, куда-то, точно кто-нибудь зовет... Кто-то хороший, светлый... Сыграй еще, Наденька!

– Тоже самое?

– Тоже, или другое, такое же...

– Постой, я тебе сыграю новое. Может быть, тебе понравится. Ты, верно, никогда этого не слышала.

И Надежда Николаевна открыла ноты и заиграла "Легенду" Венявского. Это была её любимая вещь. Она сама заслушалась чудных умирающих звуков и забылась под свою игру...

Когда последний тихий аккорд замер в воздухе, Надя оглянулась на сестру, удивленная её молчанием. Серафима приподнялась на локоток и смирно сидела, устремив взгляд в пространство, словно ища там чего-то или ожидая новых звуков. По лицу её катились слезы, а между тем она улыбалась счастливой и, вместе, печальной улыбкой. Надя вскочила и бросилась к ней в испуге.

– Что ты, Фимочка? Бог с тобой!.. Чего ты плачешь, милая моя?

– Разве я плачу? – изумилась больная. – Нет, это так... не бойся... Я не плачу... мне хорошо... Где это ты выучилась так чудесно играть, Надечка? Чудесно... Пока ты играла, мне казалось, что мы плывем куда-то, плывем так тихо-тихо, по блестящей реке, и мне так было хорошо...

И она стала умолять сестру играть еще. Но Надежда Николаевна не хотела больше играть для неё в этот вечер, боясь, что это повредит больной. Да пора было подумать и о ночном покое её. Нянька уже два раза приходила сказать, что в детской все готово: пора принять лекарство, кушать чай и ложиться спать. Надя сама снесла Фимочку, раздела ее и сидела над ней, рассказывая все, что ей приходило в голову, пока бедняжка не задремала. Тогда она тихонько высвободила свою руку и пошла в столовую, где вся семья собралась к ужину. Она едва поздоровалась давеча с мачехой и её другими детьми. Их шумная веселость, а в особенности довольное оживление отца её, который смеялся, слушая их болтовню, неприятно поразили молодую девушку, ослепленную светом и слезами. Она не сдерживала их более, когда больная сестра её заснула, и теперь глаза её были красны и вспухли. Теперь, когда серьезность болезни Фимочки была так очевидна, беспечность отца показалась ей более неизвинительной, чем равнодушие мачехи, потому что она так несравненно выше ставила его в нравственном отношении.

Она, не глядя ни на кого, сердито подошла и стала за его стулом. Николай Николаевич тот час же обернулся к ней, а Софья Никандровна только недовольно взглянула на нее и обменялась изумленным взглядом с гувернанткой своих дочерей. Высокая, худая, как щепка, m-lle Наке сидела прямо против хозяйки дома, между Риадой и Полей. По её безукоризненной прическе и наряду никто не подумал бы, что она только что совершила сотню верст по проселочной дороге. Она слегка пожала плечами и тот час же скромно опустила глаза на свой прибор.

– Садись, Надюша! – ласково промолвил генерал, указывая на место возле себя.

Но, посмотрев в лицо старшей дочери, он закусил губы: он вспомнил про свою больную дочь... Он так мало знал эту девочку, вечно прикованную болезнью к своей детской, что отсутствие её могло пройти для него незаметно среди общего оживления и удовольствия первого свидания с семьей; но, вспомнив о ней, он внутренне жестоко упрекнул себя в бессердечии.

– Ты была с Фимочкой? – продолжал он очень мягко. – Что она, заснула?

Надежда Николаевна молчала, не поднимая глаз и нахмурив брови. Сказать по правде, она боялась и заговорить, не зная, совладает ли со своим голосом и с собой.

– Вероятно, бедняжка утомилась дорогой и теперь уснет крепче, – отвечала за нес мачеха. – А ты все с ней возилась, Наденька? Напрасно! У неё прекрасная, внимательная нянюшка... Садись; уж извини, что мы без тебя начали...

– Я не хочу есть; я никогда не ужинаю, – резко отвечала ей падчерица. Голос мачехи рассердил ее и придал ей силы совладать с своим собственным. – Папа, – обратилась она к отцу, – завтра необходимо собрать консилиум. Шутить болезнью Серафимы долее нельзя...

– Разве она так серьезно больна? Ты находишь?.. – начал было генерал, но жена его прервала:

– Завтра будет Антон Петрович, – сказала она, – Фима больна, как всегда... Разумеется, если он найдет нужным...

— Нашел бы и ты тоже самое, — отвечала Надя отцу, не обращая внимания на замечание Софьи Никандровны. — Жаль, что тебе не пришло в голову посмотреть на нее...

— Я хотел, моя милая, но... Мне сказали, что уж ее уложили спать.

— Этак ее на днях и в гроб уложат, а ты и знать ничего не будешь! — резко закричала Надя, не совладав-таки с собой, и упала на стул, залившись слезами и закрыв обеими руками лицо.

Госпожа Молохова шумно отодвинула свой стул, помянув что-то о драматических сценах. Но муж её не слышал: он был поражен и сильно тронут.

— Ну, Надюша, Надюшенька... — растерянно повторял он, ухаживая за дочерью. — Бог с тобой..: Перестань... Успокойся... Завтра же я соберу докторов... Бог даст... Да разве же Фимочка так сильно больна? — вдруг отчаянно обратился он к жене. — Как же мне ничего не сказали?.. Ты не писала.

— Я писала все, что следовало писать, — недовольным голосом отвечала Молохова. — С какой стати мне было беспокоить тебя и пугать преувеличениями?.. Фима родилась слабой и больной и останется, вероятно, всю жизнь болезненной. Что ж с этим делать? Мы ее лечили, будем лечить, Бог даст, с летами, она поправится, окрепнет...

— Или умрет, — злобно вставила Надя.

— В этом Бог волен, — возразила ей мачеха.

— Да, но, быть может, мы недостаточно серьезно относились к её болезни? — смущенно сказал Молохов. — Может быть, при более внимательном отношении... Не нужны ли ей какие-нибудь воды?

— Теперь дело к зиме идет, какие же воды? — резко перебила его жена. — Будущим летом, если велят... Я думаю, я своим детям мать, сама позабочусь.

"Не поздно ли спохватилась?" — подумала Надежда Николаевна, с трудом воздержавшись от громкого ответа. Она сделала над собой усилие, отерла глаза, выпила воды, которую ей подал, по приказанию отца, Елладий. Не обратив никакого внимания на его насмешливую гримасу, заставившую сестер её потупиться, чтобы скрыть невольные улыбки, она встала и сказала:

— Так пожалуйста, папочка, сегодня же с вечера напиши Антону Петровичу, чтобы он пораньше приезжал. Надо завтра же успеть попросить других докторов, если будет нужно... Не знаю, но мне кажется, что Фима совсем безнадежна...

Софья Никандровна квело улыбнулась.

— Её счастье, мы имеем право не совсем доверять твоей опытности в этом отношении, — сказала она.

– Я сейчас же напишу Антону Петровичу и велю отвести к нему записку, – решил Николай Николаевич, вставая вслед за дочерью и взяв ее за руку.

– Мой друг, – попыталась было остановить его жена, – не тревожься! Уверяю тебя, что Надя преувеличивает...

Но генерал ушел в кабинет, не слушая жены, и в коридоре обнял и крепко поцеловал свою старшую дочь. Он словно чувствовал себя виноватым и благодарил ее за то, что она ему напоминала его обязанность.

С уходом его в столовой все заговорили разом. Софья Никандровна не могла сдержать свое негодование по поводу влияния, которое "эта девчонка" имела на своего отца; Елладий осведомился о медицинских сведениях старшей сестры и, предположив, что она в течение лета выдержала экзамен на доктора медицины, начал юмористический рассказ о том, что она завтра наденет фрак и синие очки и выйдет на консилиум назидать латинской речью господ докторов; сестры шумно смеялись, стараясь тоже вставлять свои остроумные замечания; Софья Никандровна горячо беседовала с гувернанткой на ту же тему. Только Клавдия, по обыкновению, усердно кушая, не разделяла общего враждебного настроения против сестры и даже заметила, что Надя очень желала бы, чтобы Фима была здорова. Замечание это прошло без всякого внимания.

Глава XV

Роковое решение

На следующий день госпожа Молохова еще спала, и дети её, заспавшись с дороги, не выходили еще к чаю, когда приехал доктор.

Молохов привял его в кабинете, где сидела и его старшая дочь, уже побывавшая у больной сестры, рано просыпавшейся. Она предложила ему осмотреть Фимочку у неё в комнате, что и было тотчас же исполнено.

Антон Петрович, суровый со взрослыми пациентами, умел прекрасно ладить с детьми; Фима, к тому жё, давно была знакома с ним. Он внимательно исследовал девочку и расспросил ее и её нянюшку, но решительного ничего не хотел ответить на вопросы Надежды Николаевны, и даже отцу её отвечал не охотно, пока она была тут. Только выйдя из комнаты, где она осталась, замешкавшись над сестрой, он скороговоркой проговорил, обращаясь к Молохову:

— Ничего не могу сказать вам покамест уверенно, но вижу, что положение крайне серьезное... Мне всегда казалось, что состояние здоровья этого ребенка не нормально, что она не без причины болеет. Теперь я убежден, что ее в раннем детстве ушибли, что она упала... У неё повреждён позвоночный столб. Это верно... Прежде я думал, что это золотуха, так как Софья Никандровна так уверенно отрицала возможность падения или ушиба, но теперь я не сомневаюсь, что она была ушиблена.

— Вы считаете положение её безнадежным? — тревожно спросил Молохов.

Доктор задумался.

— Болезнь привяла очень острый оборот, — наконец вымолвил он. — Если бы субъект был сильнее, можно было бы надеяться, что он вынесет процесс болезни, и все зло окончится увечьем. Но теперь, при бессилии и истощении организма, надеяться на счастливый исход мудрено. С вами, Николай Николаевич, я считаю себя обязанным говорить откровенно.

— Что вы называете счастливым исходом?

— Многие выживают такое состояние... Но я должен сказать вам что, при слабости вашей дочери, я сомневаюсь, чтоб она его перенесла.

— Но что же такое у неё, наконец! — вскричал Молохов. — Ноги, что ли, отнялись у неё?

— Как?!. Я думал... Неужели вы меня не понимаете?... У неё отнялись ноги временно, потому что у неё образуется горб.

87

Генерал побледнел, а за спиной доктора, в дверях, кто-то отчаянно ахнул.

Оба обернулись и увидели Надежду Николаевну. Она стояла, держась одной рукой за ручку двери, а другую прижимая к глазам. В лице её не было ни кровинки.

— Ну вот это уж совсем лишнее, — недовольно проворчал доктор. — Можно бы вам, пока, этого и но звать... И как это мы вас не слышали?..

Она сделала нетерпеливое движение, как будто хотела сказать "во мне ли дело?", и спросила:

— Этому нельзя помочь? Ничем нельзя ее вылечить?

— Я не утверждаю, чтобы сестра ваша не могла пережить образование горба, — отвечал доктор, не так поняв её вопрос и думая, что она слышала весь разговор их, — быть может, у неё станет сил; я не могу определить... И вообще, не могу взять на себя ответственности в таком серьезном случае; я бы просил позволения собрать докторов. Ум хорошо, вы знаете, а два лучше...

— Мы сами хотели просить вас об этом, — согласился хозяин дома.

Дочь его ничего не могла говорить. Ответ доктора ясно показывал, что опасность еще больше, чем она думала, что быть горбатой калекой еще не значило самого худшего по мнению Антона Петровича и казалось ему счастливым исходом болезни Фимы. Такое мнение было равносильно смертному приговору. Она так и решила это и старалась свыкнуться с страшной для неё мыслью.

Доктор собрался уезжать, сказав, что сам увидится с другими врачами и попросит их сегодня же собраться часа в четыре или пять.

— Антон Петрович, — остановила его Надя, с трудом выговаривая слова от судорожного сжимания в горле, — что я услышала вас — не беда, но я думаю, что и папа будет со мной согласен, что, что бы не сказали доктора, не надо никому в доме говорить об этом, кроме папы. Мы с ним не болтливы, но если будут знать другие, то мудрено будет вам сохранить тайну от Фимочки... Я полагаю, что во всяком случае её самой не надо знать, что с ней такое...

— Без всякого сомнения, ей нельзя звать об этом, — отвечал доктор.

— Ну, в таком случае ты никому этого не должен говорить, папа. Ты знаешь, что maman от Поли и Риады, а тем более от Елладия секретов не имеет...

— Да, я не скажу... Зачем же?.. Только заранее и ей лишнее горе, а... ведь не поможет.

Генерал казался еще взволнованнее дочери. Он был поражен неожиданным семейным несчастьем тем более, что доныне судьба была милостива ко всем его детям в отношении здоровья.

– Не только не поможет, но может сильно повредить больной, – решил доктор. – Я хотел рекомендовать вам молчание в отношении всех без исключения членов вашей семьи, Николай Николаевич; но так как уж Надежда Николаевна слышала, то делать нечего. Софью Никандровну к чему же беспокоить?.. Ее надо пожалеть...

Таким образом было решено, что мать, наравне с другими, не будет знать пока истинной правды. Эта страшная правда должна была тяготеть только над отцом, а более всего над сестрой приговоренного ребенка, потому что отец отвлекался от грустных мыслей занятиями, отсутствием из дому, да и не любил ее так горячо, как Надя, которой все чувства, все помыслы с этого дня приковались к изголовью маленькой страдалицы.

Собравшись на консилиум, врачи единодушно подтвердили приговор домашнего доктора Молоховых. Серафима была присуждена к вечному увечью, или к медленной смерти... Если бы болезнь была захвачена ранее, – говорили консультанты, – можно было бы остановить её ход, облегчить несколько зло; но теперь было поздно, и мудрено надеяться... В последние месяцы болезнь приняла решительно дурной оборот. Кроме того, девочка слишком слаба и обессилена... "Эту девочку следовало бы с рождения питать усиленно: воспитывать на рыбьем жире, йоде. Но теперь – поздно!" Так решил один ученый доктор, и остальные врачи подтвердили это мнение.

Оказалось, что Антон Петрович сам держался такой системы лечения Фимочки, но советы его плохо исполнялись, а в последние летние месяцы, как видно было из слов ребенка, няня "жалела" ее и совсем перестала давать "противное лекарство".

Это известие горьким упреком легло на бедную Надю: в городе она сама наблюдала за этим. Значит, будь она в деревне, болезнь не сделала бы такого страшного успеха...

Предупрежденные Антоном Петровичем, доктора не говорили откровенно с хозяйкой дома. Она осталась при убеждении, что у дочери её сильная золотуха, английская болезнь в ногах, но что, при внимательном лечении, это пройдет. Разговаривая с докторами, Софья Никандровна предположила, что, вероятно, "её девочке" помогли бы серные ванны, что ее бы надо было свозить за границу... Один доктор согласился, что это будет очень хорошо; другой заметил, что лучшие в таких болезнях воды – Кавказские... Генеральша Молохова пришла в восторг от этого проекта и сейчас же начала строит планы и сообщила всем своим знакомым, что они весной едут в Пятигорск, что этого требует здоровье её меньшой дочери.

Когда в последующие тяжелые дни, Надежде Николаевне случалось слышать эти разговоры, восторги её мачехи по поводу предстоящего ей знакомства с Кавказом, с поэтическими вершинами, воспетыми Пушкиным и Лермонтовым, с местом дуэли, "где пал певец Демона и Тамары", – она старалась не слушать, скорее уходила, чтоб скрыть негодование и слезы бессильного горя. Слезливость была не в природе её; но теперь, при каждом взгляде на больную, при каждой мысли о том, как она страдает и какие страдания еще предстоят ей, Наде приходилось делать усилие над собой. Нервы её были возбуждены и сильно расстроены постоянным уходом за сестрой, частыми бессонными ночами над ней.

Она, однако же, не забывала, по возможности, принятых на себя обязанностей в отношении других: она пользовалась ежедневным послеобеденным отдыхом Серафимы, чтоб бывать у Юрьиных и заниматься с Олей, мать которой сама уже аккуратнейшим образом пересылала каждое первое число Марье Ильиничне Савиной деньги за уроки, даваемые Надей. Юрьина была предупреждена, что болезнь Фимы может осложниться; но сердечно любя и уважая Надежду Николаевну, она была готова на все её условия. Наташа Сомова, со своей стороны, только и ждала первого слова подруги, чтобы с готовностью заменить ее. Но вся осень и даже начало зимы прошли сравнительно благополучно; Фимочка днем была довольно спокойна, и необходимые ежедневные прогулки не затрудняли Надежду Николаевну, а напротив – ей самой приносили большую пользу. Она вообще ободрилась: ей казалось, что сестре её лучше. Она не подозревала, что все усилия докторов, убежденных в невозможности спасти девочку, клонились только к тому, чтобы уменьшить её страдания, возбудить её силы, истощенные изнурительной лихорадкой, повторяющейся каждое утро, искусственным сном, поддержать, одним словом, её угасавшую жизнь.

Время шло монотонно и печально. Прошли последние красные дни осени, в течение которых больную девочку еще выносили на креслах в сад. Дождливая погода сменилась первыми морозами; в день Покрова, как и следовало ожидать, всё запорошило первым снежком, а вскоре наступила настоящая зима. К тому времени сон Серафимы сделался так беспокоен, вследствие усиливавшейся боли в пояснице и груди и лихорадки, мучившей ее на рассвете, что Наде приходилось проводить над ней не одну ночь, сидя на стуле у её кровати. Эти бессонные ночи истомили ее самое; она похудела, и в конце ноября ей пришлось впервые прибегнуть к услужливости Сомовой, потому что раза два перед этим ей даже случилось, неожиданно для себя, задремать после обеда вместе с сестрой и пропустить время урока у Юрьиной. Тогда она решилась прибегнуть к помощи подруги и написала ей, что будет уведомлять ее в те дни, когда особенно устанет ночью.

Утомление и бледность старшей дочери не прошли незамеченными отцом. Он заговорил с ней об этом, выражая опасение, чтобы и она не заболела, в свою очередь.

– Не понимаю, зачем Надя так утомляется? – заметила на это Софья Никандровна. – Добро бы некому было смотреть за Серафимой, а то и нянька прекрасная и на смену ей полон дом прислуги и, наконец, можно взять сестру милосердия...

– Положим, никакая сестра милосердия родной сестры не заменит, – сурово возразил муж.

– Нет, может быть и заменила бы моя услуги и лучше бы меня сумела присмотреть; но вряд ли могла бы так занять ее, как я... К тому же главное то, что Фимочка упрашивает меня не уходить, а я не могу ей отказать, – отвечала Надежда Николаевна.

– В таком случае, не лучше ли поставить тебе кровать возле неё, чтоб ты могла хоть прилечь?.. Или нет, впрочем, это было бы для тебя слишком беспокойно.

– Я была бы очень рада, если б Фимочка возле меня спала, но только в детской это неудобно, потому что там Витя и девочки возле; а у меня в комнате тоже нельзя; она сейчас приняла бы больничный вид, а это прежде всего для самой Фимочки не годится. Ведь она и без того целые дни у меня проводит, – отдыхает в моей комнате от своих лекарств и пластырей до вечерних ванн.

– Так что же делать? – сказала мачеха. – Я не вижу возможности сблизить детскую с твоей комнатой или выселить детей из их комнат.

– Этого совсем не нужно. Напротив, мне кажется, было бы необходимо избавить детей от постоянного зрелища страданий, удалив от них Фиму...И ей было бы спокойнее одной, а то она чуть иногда задремлет – её будит Витя плачем, или сестры смехом и болтовней. Ей в детской очень неспокойно...

– А где же, по-вашему, было бы лучше?

– Ей лучше было бы возле меня, в той маленький комнате, в которую от меня заперта дверь... Её легко отворить. Я бы тогда тоже свою кровать туда поставила, спала бы вместе с ней, а целый день она проводила бы в чистом воздухе в моей комнате, пока освежилась бы наша спальная. Это и для неё, и для Виктора было бы гораздо здоровее и по всему удобнее.

– А что ж ты думаешь, Софи? Ведь это правду она говорит, – сказал Николай Николаевич – это очень легко сделать сейчас.

Софья Никандровна стояла, слушала, соображала и слов не находила от недоумения.

– Да о какой это комнате ты говоришь? – наконец выговорила она несколько громче, чем говорила обыкновенно.

– О комнате, которая совсем пуста и, кажется, никому не нужна. Она между комнатой m-lle Наке и моею.

– Ну да, как же ты не знаешь? – подтвердил ей муж. – Где мольберт Елладия.

– Но... Ведь это его мастерская... Он занимается там рисованием, то есть, живописью...

– То есть: пачкотней полотна и бумаги! Неужели эта пачкотня важнее удобства умирающей сестры его? – строго спросил генерал.

– Умирающей?!. – взвизгнула Молохова. – Что ты Бог с тобой, Николай Николаевич...

– Ну, больной, – серьезно больной! Не все ли равно? – поправился Молохов. – О чем тут разговаривать? Надо сейчас же её очистить.

– О, разумеется! Для фантазии вашей дочери!.. Мы все скоро будем плясать под её дудку вслед за вами...

– При чем тут мои фантазии? – отозвалась Надя. – Мне решительно ничего не нужно; я заговорила об этом только потому, что это было бы действительно удобно для Фимочки. Я не подозревала даже, что Елладий занимается какими-нибудь мастерствами в этой комнате, которая всегда стоит запертая.

– Она заперта, когда он выходит. Вот уж месяц как он постоянно берет там уроки живописи. Я не могу отнять у него возможность заниматься: у него талант...

– Будь у него хоть два таланта, он может развивать их в другом вместе, – перебил ее муж.

– Но где же? В его комнате темно...

– Это мне совершенно все равно, моя душа! Я удивляюсь, как ты находишь возможность даже поднимать из-за этого вопрос! Неужели малевание Елладия для тебя важнее всяких других соображений и обязанностей к другим детям? Ты меня изумляешь!.. Наденька, ступай к себе, душа моя... Фимочка у тебя?

– Нет, папа, она еще в детской.

– Ну, так пусть там останется, пока ту комнату приготовят; а ты скажи ей об этом и... Распорядись, чтобы отворили оттуда дверь к тебе. Я сейчас приду, посмотрю сам... Поди, моя душа.

Надя вышла, не совсем довольная своим успехом. Она понимала, что очень рассердила мачеху и что, кроме того, ей придется много грубостей и неприятностей вынести от брата.

Несмотря на это, перемена помещения оказалась так удобна для больной и во многих других отношениях, ее так горячо одобрил доктор, что и Надя не могла не радоваться, что она ей пришла на ум. Впрочем, Елладий, если и злился, то ничем не показывал этого, или не мог показать в первое время. Урезоненная очевидностью, мать старалась урезонить и его в необходимости жертвы. Казалось, все уладилось, – уроки живописи перенеслись в столовую, вот и все, – но это только так казалось. На самом деле самолюбивый и злой мальчик только затаил свою злость на сестру до поры до времени, выжидая случая "насолить ей". Случай этот не замедлил представиться; он, по крайней мере, так полагал.

Глава XVI

В ожидании конца

Раз светлым зимним утром, Фима встала немного бодрее после хорошо проведенной ночи. Ее умыли, причесали, надели теплый фланелевый капотик и усадили, по желанию её, на высоком креслице, напротив окна. В зеркальные стекла были видны часть улицы и противоположные дома с крышами и карнизами. Утро было светлое, на улице не было слышно обычного шума. От белизны снега, покрывавшего дома и улицу, глазам Фимы стало больно и она отвернулась и закрыла их своими прозрачными ручками.

— Надечка, — спросила она, — отчего сегодня так тихо? Где же все люди? Где все собаки и птицы?.. Не слышно ни саней, ни говора, ни лая... Что это значит?

Надежда Николаевна отвечала нс сразу. Она ее почти не слышала, обратив все свое внимание на её руки. Уже несколько времени она замечала в них странную перемену, но никогда не была поражена ею так, как сегодня: на каждом пальчике больной словно были надеты наперстки или подушечки, — так сильно распухли их конечности. Сестра с сожалением смотрела на это странное явление и вспоминала, как доктор предупреждал ее, что этого следует ожидать.

Фимочка отняла руки от глаз и повторила свой вопрос.

— Отчего тихо? — печально отозвалась Надя, затаив глубокий вздох. — Оттого, милочка, что сегодня очень холодно. Люди сидят по домам, а собаки по своим конурам. Кому охота гулять в такой мороз! Вон, посмотри, по карнизам, под крышами, сколько расселось голубей. Они притаились, смирнехонько сидят и перышки нахохлили... Видишь, как они ежатся, как головки в себя втянули?.. Только одни черные носики торчат... А вот, потеплеет, они и слетят все на улицу за кормом и начнут ворковать, жеманно головками поводить... И воробьи тогда вылетят, зачирикают, задрыгают по снегу, да еще и передерутся от радости, что солнышко проглянуло...

Фима слушала, улыбаясь, представляя себе в картинах все, что ей рассказывала сестра. А Надежда Николаевна говорила по привычке, зная, что это доставляет удовольствие девочке и ее развлекает; на этот раз она сама не понимала своих слов, занятая тяжелыми думами и неприметно для себя самой умолкла на полуслове.

– Ну, – окликнула ее Фима. – Ну, что ж ты, Надечка? Зачем же они будут драться? Разве от радости дерутся?..

– Кто? – очнувшись, переспросила Надя. – Люди не дерутся, а воробьи только... Потому что они глупые и задорные... Воробьи всегда ссорятся...

– Разве они злые?.. А я думала, что вороны самые злые, гадкие птицы... Они так противно каркают, и всегда перед несчастьем...

– Это пустяки, душечка! Не верь таким сказкам.

– А раз, мы сидели с няней, в деревне в роще, а над нами пролетел большой, большой ворон; крылья распустил, как веер, и с одного дерева на другое да как закаркает: Карр! Карр!.. А няня говорит! "На свою голову каркай! Чтоб тебя сегодня же подстрелили!.. Это он, говорит, нам хотел горе накаркать; а теперь на него самого обернется". Я тоже думала, что эта неправда... Но только ворона сама по себе такая гадкая: черная, неуклюжая... Ах! Вот-вот она летит... Посмотри, Надечка... Видишь – с церковного креста на колокольню перелетает!..

– Это не ворона, а галка, душенька. Их много водится на колокольне; у них там гнезда.

– Они не боятся колокольного звона?

– Верно, не боятся. Привыкли...

– А может, они глухие?..

– Нет, галки не глухие, – улыбаясь, отвечала Надежда Николаевна. – Как я рада, Фимушка, что ты сегодня такая разговорчивая! Тебе лучше сегодня, моя девочка?

– Лучше. Меньше болит... Они и холода не боятся? Не то, что голуби: не прячутся, летают себе...

– Да, они холода не боятся. Галки да вороны зимние птицы, северные. Они летают в самую метель и умеют из-под снегу добывать себе пищу. Вот еще сороки, пестрые... Ты знаешь, Фимочка, сороку-белобоку?.. Хлопотунья такая, всегда бочком поскакивает и стрекочет, будто смеется...

Но тут Надежда Николаевна заметила, что Серафима её не слушает. Опрокинувшись на подушки, девочка подперла рукой подбородок и смотрела в даль, – туда, где мелькали черные птицы, перелетая с церковного купола на крышу колокольни, кружась вокруг золоченых крестов, то исчезая среди колоколов, то снова выплывая из-под сводов на простор.

Надя умолкла, следя за сестрой, печально наблюдая её исхудалое, вытянувшееся личико, на котором только задумчивые темные глаза не изменились к худшему, а, напротив, стали еще вдумчивее, еще больше и выразительнее.

– О чем ты так задумалась. Фима?

Девочка медленно повернула к ней голову и посмотрела на нее долгим взглядом, будто не решаясь вымолвить своих мыслей.

– Я думаю, – медленно сказала она, не спуская взгляда с сестры, – отчего это люди не летают?.. Почему Бог все им дал лучше, чем зверям и птицам, а крыльев не дал?.. Как бы хорошо, если б мы тоже могли распустить крылья и полететь, – полететь высоко, прямо к небу.

"Ты скоро так и сделаешь, моя бедняжка", – подумала Надя, и Фима будто повяла смысл её печального взгляда и вдруг спросила:

– Как ты думаешь: когда люди умирают, – хорошие, добрые люди, – Бог им дает крылья, как ангелам?

– Не знаю, душа моя. Мы ничего не можем звать о будущей жизни, только должны веровать в милость и доброту Господа Бога.

– А вот, няня мне говорила, когда дети умирают, они делаются маленькими ангельчиками и летают над своей могилкой и прилетают назад, в свой дом... Она говорит, что у неё была тетка, – там в деревне, – и что у неё вдруг, на одной педеле, четверо маленьких детей умерло. Так она потом все их видела: они летали вокруг неё, и она с ними говорила... Они все ее утешали, что им теперь лучше, что они Божьи ангелы...

Надежда Николаевна молчала, не без смущения думая о строе мыслей, который привел её маленькую сестру к таким размышлениям. Это показывало ей несомненно, что больная думала о смерти и догадывалась, что состояние её отчаянное...

Задумалась и Серафима. Но мысли её не были ни горьки, ни отчаянны. Смерть очень редко пугает детей, в особенности слабых и больных детей, более знакомых со страданиями, чем с красными днями. Серафима часто думала без особого смущения о смерти. В минуты сильной боли ей случалось даже желать, чтоб она скорее прекратила её мучения. А когда страдания унимались, как сегодня, она иногда подолгу задумывалась над великой переменой, которая ей вскоре предстояла. Она ни с кем, даже с Надей, никогда об этом не говорила: она понимала, что Надя любит ее, что смерть её сильно огорчит ее, и не хотела её тревожить. Но сегодня вышло как-то так, что она нечаянно проговорилась – и уж не могла и не хотела более молчать о своих тайных думах. Ей, напротив, ужасно захотелось подкрепить их авторитетом любимой сестры.

– Знаешь, Надюша, – начала она тихо, спокойно, будто сообщала что-нибудь очень положительное, – вот, я теперь маленькая больная девочка, я, может быть не долго проживу... Ты знаешь сама, что я крепко больна, ведь правда?.. Ну, так видишь ли, я часто думаю, что как же это так? Ничего я не видела, нигде не была, не знаю ничего... А, ведь, мне очень бы хотелось всему научиться, все видеть, все знать... Ну, вот, я и думаю себе так: верно, Бог мне все это после покажет, там, у Него?.. Я иногда смотрю на небо и думаю: как хорошо летать там и смотреть вниз, на землю!.. Как все должно быть оттуда видно, – все города, леса, горы, реки... Помнишь, мы с тобой читали, как один господин взлетел высоко, на воздушном шаре, и потом описывал, что он видел оттуда?.. Какая земля должна быть красивая!.. Я надеюсь, что после всю ее облечу...

Серафима продолжала долго рассказывать в этом духе, несмотря на усиленные старания сестры прервать ее, обратить её мысли на что-нибудь другое. Глаза её разгорелись, даже на веках проступил тонкий румянец; но Надежда Николаевна понимала прекрасно, что такое волнение вредно больному ребенку. Фимочка так усердно уверяла ее, что она напрасно боится, напрасно ее останавливает; так, казалось, горячо желала рассказывать ей свои задушевные думы, что ей трудно было употребить авторитет и заставить ее умолкнуть. Да и к чему бы это повело?.. Пожалуй, лучше ей было дать высказаться, чем бы все это таилось в ней и гнело её сердечко. Вот только что нельзя ей было много говорить: Антон Петрович строго запрещал это, грозя усилением кашля и боли в груди. Надя напоминала об этом, прерывала ее предлагая прочесть что-нибудь, сыграть ей на фортепиано...

– Нет, постой, – скороговоркой отвечала Фима, – послушав, я сейчас скажу тебе, как ты думаешь...

И она снова начинала предполагать и расспрашивать о вещах, в которых Надя, да и весь мир, не мог знать более её самой, на которые не могло быть ответа. Видимо, головка её много и часто работала над такими мыслями, которые обыкновенно и в голову не приходят детям... Кончилось именно тем, чего боялась Надя; ей становилось труднее говорить, голос вырывался неровно, хрипло, часто прерываемый кашлем.

– Довольно, Фима! – собравшись наконец с духом, решительно сказала сестра. – Если ты меня любишь и не хочешь, чтобы я ушла, перестань говорить... Ты так разболталась, что даже устала... Вот, посмотри, как закашлялась!.. Достанется нам уже от Антона Петровича!

– Ничего не достанется. Это так... пройдет... Мне сегодня гораздо лучше... А я давно хотела тебе рассказать все, что думаю, – хриплым, шепотом договаривала Серафима.

– Это хорошо, что ты мне сказала. Я никак не воображала, чтобы тебе вздумалось...

– Что такое?..

– Да, вот, что ты так опасно больна, – говорила, не глядя на нее, Надежда Николаевна. – Я, вот, непременно, как только придет доктор, скажу ему, что ты вообразила, что умираешь... Ты увидишь, как он засмеется.

Фимочка повернула к ней голову и несколько секунд пристально смотрела в лицо ей. Девушка чувствовала этот строгий взгляд ребенка и боялась пошевельнуться, чтоб не выдать того, что творилось у неё в душе.

– Может быть, доктор и засмеется, – медленно выговорила Фима, – а ты не засмеешься, – решила она голосом полным убеждения. – Ну, посмотри на меня, Надя... Ну, если ты говоришь правду, – засмейся!.. Ага! Не засмеешься!

Она опрокинулась на подушки и снова устремила взгляд, на этот раз уже равнодушный и усталый, в небо.

– Напрасно ты это так... беспокоишься, – сказала она, наконец. – Я знаю... Я давно уже знаю...

– Что же ты знаешь?

– Знаю, что долго не проживу...

– Никто ничего об этом знать не может! Часто совсем здоровые люди неожиданно умирают, а больные, гораздо опаснее тебя, выздоравливают.

– Да, только я не могу выздороветь. Я знаю... Разве забыла ты, Надечка, сколько раз я тебе говорила, что не могу думать о себе, как другие?... Помнишь, я никогда не могла думать о будущем, не могла представить себя большой?.. Мне всегда так и казалось, что я не вырасту, не перестану быть маленькой... Теперь я знаю почему: так оно и будет...

– Все это вздор, Фимочка! Ты теперь больна – вот тебе и приходят в голову черные мысли.

– Черные?.. Нет... Я не знаю, черные они или красные, но уверена, что это так. Я давно так решила, и, право, не боюсь...

– Да чего же?.. – словно поменявшись ролями с этим ребенком, хворавшим, как взрослый человек, раздраженно, со слезами в голосе прервала ее старшая сестра. – Перестань же, Фимочка! Пожалей меня!

Девочка вдруг встрепенулась, глаза её вспыхнули, на них тоже показались слезы, и она промолвила, с горячей лаской протянув руки к сестре:

– Прости меня, Надечка!.. Иди ко мне... Мне очень, очень жаль тебя!.. Только одну тебя жаль, – шепотом договорила она, обняв её шею и прижимаясь к ней головкой.

Надежда Николаевна не в силах была сдержать своих слез. Странно было видеть, как слабая, больная девочка уговаривала свою взрослую сестру успокоиться, как она плакала не над собой, а над ней.

– Перестань, не плачь, – повторяла она, горячо лаская ее. – Пожалуйста, душечка, не плачь... Я не знала... Я думала, и ты знаешь, все равно... А то я бы тебе не сказала... Может быть, я еще и выздоровею...

– Я в этом уверена, – собралась наконец с духом сказать Надежда Николаевна. – Ну, довольно!

Она выпрямилась, осторожно опустила больную на подушки и, отерев слезы, прошлась по комнате.

– Вот видишь, какую ты дурочку из меня сделала своими бреднями? – сказала она, стараясь улыбаться. – Вместо того, чтоб тебя побранить, я сама с тобой расплакалась... В наказание, изволь покушать бульону!.. Вон няня принесла тебе завтрак... Покушай, а я пройдусь немножко...

– Уйдешь? Куда? – с испугом спросила девочка.

– Не бойся, недалеко, – успокоила сестра. – Похожу немного по галерее, а то у меня с тобой голова заболела.

И она вышла из комнаты, оставив больную на попечении нянюшки.

Глава XVII

Изобличение

Но ей в этот день не было суждено успокоиться. В коридоре её нагнала горничная Софьи Никандровны, прося её, от имени своей госпожи, пожаловать к ней в комнату.

Надежда Николаевна, вместо того, чтоб пройти в холодную галерею, где надеялась освежиться и успокоиться, с неприятным предчувствием повернула в комнату мачехи, где хозяйка её сидела за своим поздним чаем.

Она кивнула головой падчерице и указала ей глазами на стул. Она была очевидно в волнении и не сразу начала заранее приготовленную назидательную речь, которую молодая девушка, еще встревоженная своими печальными мыслями и только что пережитым волнением, слушала в половину и совсем не поняла её цели.

Софья Никандровна говорила что-то очень высокопарное об обязанностях человека к той среде, в которую он поставлен, о необходимости уважать общественное мнение, "не компрометировать своих родителей исполнением, без их ведома и согласия, фантазий, совершенно неуместных"

На этой последней фразе, заключившей долгую речь, Надежда Николаевна подняла голову, догадавшись о том, что произошло.

— У меня очень болит голова, — сказала она, — мне надо походить, пока Фимочка не зовет меня. Говорите, прошу вас, в чем дело? Чем я компрометирую отца или вас?

— Вам это угодно спрашивать? — вспылила Молохова, рассерженная её хладнокровием. — Вы сами не знаете?.. Что, по-вашему, добрые люди будут говорить о генерале Молохове, который допускает свою дочь нуждаться?

— Не знаю. Да мне это решительно все равно, потому что такую глупость никто не скажет об отце моем. Это верно будет какой-нибудь другой "генерал Молохов"... — апатичным тоном отвечала Надя.

— Да, да, вы правы! — еще сердитее подтвердила Софья Никандровна. — Ваш отец останется в стороне, а все пересуды падут, по обыкновению, на меня!.. Конечно! Ну, как же?.. "Бедняжка падчерица" — известно! "Нуждается во всяком куске, должна по грошовым урокам бегать, чтоб себя содержать, кругом разобижена!.." Ха, ха, ха!.. В самом деле: такая бедняжка – чуть по головам нашим не танцует!.. Что её душеньке угодно, то и творит, никого не спрашиваясь, ни с чем не соображаясь.

Госпожа Молохова дошла до крайнего раздражения и до того возвысила голос, что из разных комнат и дверей начали показываться головы любопытных,

– Позвольте... – начала было Надежда Николаевна. Но мачеха прервала, передразнив её голос:

– "...Мне все равно... Это будет другой генерал Молохов!.." Нет-с! Это будет тот самый – ваш отец, которого обвинят, до милости вашей, в равнодушии и жестокосердечии! Как вы думаете: что подумают о нем люди, узнав, что дочь его бегает по урокам, наравне с дочерьми буфетчика княгини Мерецкой или, вот, вашей этой писарши или прачки Савиной?..

– Что подумают? – с расстановкой переспросила Надя, не без удовольствия напирая па свое хладнокровие именно потому, что оно, видимо, сердило её мачеху. – А не знаю, право!.. Умные люди, вероятно, подумают, что он желает, чтобы его дочь умела быть полезной по меньшей мере столько же, как и простые смертные, умела бы так же честно зарабатывать свой хлеб и вообще не предавалась бы лени и позорному тунеядству...

Последних слов молодой девушки, хотя она и подняла значительно голос, улыбаясь и во все свои смеющиеся глаза глядя в покрасневшее, сердитое лицо мачехи, уже почти не было слышно за негодующим криком Софьи Никандровны. Она окончательно вышла из себя.

Сказать по совести, она имела на это причины. Ни один благоразумный человек, не одобряя её горячности, не мог бы оправдать и тона её падчерицы. Наша Наденька была хороший человек, но далеко не совершенство... И досталось же ей, за её "задор и дерзость" от одной разумной и кроткой особы, когда она впоследствии рассказывала ей эту сцену. "Да это не слыхано! Как не стыдно тебе, Надя?.. Да я бы, на месте Софьи Никандровны, тебя просто прогнала из комнаты!" Вот какими возгласами прерывала Вера Алексеевна рассказ Нади об этом происшествии.

Но возвратимся к настоящему.

Молохова долго кричала на свою падчерицу, – так долго, что муж её, вернувшись неожиданно за чем-то со службы домой, услыхав её сердитый голос, испугался и вошел в чайную, узнать в чем дело. Там уже не было его старшей дочери. Она ушла и уже несколько минут как ходила скорыми шагами по крытой галерее, стараясь моционом на холодном воздухе привести в равновесие свои встрепанные чувства и мысли. За столом сидел только Елладий, помешивая ложечкой кофе, который он себе налил в чашку матери, да в дверях стояли Аполлинария и Ариадна,

101

покусывая свои перья, очевидно, привлеченные сюда любопытством из-за уроков. Увлеченная негодованием, мать стояла перед ними и громко повествовала им причины своего неудовольствия на их старшую сестру.

Появление отца произвело эффект своей неожиданностью. Девочки мигом исчезли. Елладий сначала привстал, но, сообразив, вероятно, что бегство будет несовместно с его достоинством, снова присел к своему кофе.

– В чем дело?.. Что такое случилось? – спросил хозяин дома.

– Да, случилось, – немного оправясь от удивления, ответила Софья Никандровна. – Не думаю, чтоб и ты одобрил поступок Надежды Николаевны...

– Опять она?!. Что ж она сделала ужасного?

– Кто же говорит "ужасного"?.. Ты сейчас!.. Оно, конечно, как кто смотрит... Многие родители нашли бы это ужасным...

– Да что же именно?

– Да, вот, мы узнали удивительную новость... Елиньке говорил в гимназии один его товарищ...

– А зачем это Елинька так рано дома? – прервал генерал, вдруг сурово обернувшись к сыну. – Или он и совсем не ходил в гимназию?

– У меня сегодня только два урока, незначительные... – начал Елладий.

– Он сегодня не совсем здоров, – заступилась мать. – Он дома занимался, и... У него сегодня почти нет уроков.

– Ну, да! Известная сказка!.. Почти да чуть-чуть и – останется болван-болваном!.. Вот, я побываю у директора, узнаю... Давно собираюсь переговорить... Смотрел бы лучше за собой, чем вмешиваться в дела старшей сестры, у которой не мешало бы ему поучиться.

– Уж, пожалуйста, – вспыхнула Софья Никандровна, – своим обойдемся!.. И ни во что он не вмешивался... Уж ваше золото и тронуть нельзя... Слухами земля полнится; ну, услышал мальчик и – хотел предупредить... Ведь не пень же он, не может быть равнодушен к тому, что отца и мать его люди корят.

– Хорошо! Но зачем такие предисловия?.. Скажи просто, и, если нужно, я переговорю с Надей... Скорей, пожалуйста, мне некогда!

Молохова остановилась против мужа и, решительно сложив руки на груди, спросила:

– Сколько вы даете вашей дочери на её личные мелкие расходы?

– Пятьдесят рублей в месяц. Ты, кажется, хорошо сама знаешь, что мы даем нашей старшей дочери...

– Да, знаю. А знаешь ли ты, что ей этого недостаточно, и что она, бедняжка, должна ходить по чужим домам, зарабатывать деньги уроками?.. Очень лестно для нас и назидательно...

– Очень назидательно для всех детей наших, без сомнения! – прервал Молохов её насмешливую фразу. – Дай Бог, чтоб каждый из них, в её годы, был в состоянии доставить себе сам честный кусок хлеба.

Софья Никандровна остановилась, пораженная.

– Как? – вскричала она. – Ты это знал?.. Да разве ей нужно зарабатывать себе хлеб?

– Теперь, благодаря Бога, не нужно; но будущего никто не может знать. И я душевно рад, что она в этом отношении обеспечена...

– Большое обеспечение, нечего сказать!.. Только чтобы люди нас осуждали... На что ей эти деньги?

– На что бы ни были! Я уверен в её благоразумии и убежден, что не на дурное... Контролировать ее считаю излишним... И тебе, душа моя, не советую.

– А, в таком случае, разумеется, нечего и говорить! Мне остается только извиниться...

– Елладий, иди к себе и займись хоть чем-нибудь! – строго сказал отец.

Елладий вышел, весьма недовольный неудачным мщением, которым он было думал насолить сестре. Вслед за ним скоро вышел и Молохов и сейчас же уехал. Софья Никандровна осталась на целый день крепко не в духе. Не чувствуя к своей меньшой дочери такой привязанности, как к другим, она не особенно ценила нежную заботливость Нади. Она часто была склонна даже принимать ее за преувеличение и рисовку, а потому благодарность не смягчала её отношений к падчерице, и обоюдное неудовольствие между ними росло, поддерживаемое, с одной стороны, мелочностью и несправедливостью, а с другой – отсутствием желания малейшей уступкой исправить дело, и, надо сознаться, – более понятным и справедливым чувством негодования молодой девушки против мачехи за её бессердечное отношение к больной маленькой дочери, с каждым днем видимо угасавшей.

Глава XVIII

Печальная развязка

Серафима томилась не так долго, как другие дети в подобных случаях; легкие её были так слабы, что у неё быстро развилась смертельная болезнь. Всю зиму она прокашляла, иссохла как щепка; но искривление позвоночного столба еще не успело видимо образоваться, как дни её уже были сочтены. Она в последнее время уже почти не оставляла постели, где она не могла лежать, а сидела, вся обложенная подушками. Сидя так, она слушала рассказы Нади, её игру на фортепиано, её чтение, к которому она особенно пристрастилась. Казалось, что понятия Серафимы росли и расширялись по мере того, как она ближе подходила к вечности. Ее занимали такие книги, которых дети, гораздо старше её, не поняли бы даже, а она заслушивалась их и часто бывала обязана им не только удовольствием и развлечением, но и облегчением своих страданий.

Зимние праздники прошли весело и шумно для всех детей Молоховых, кроме больной и старшей сестры, упорно не желавшей ни принимать в них участия, ни даже почти выходить из своей комнаты. Она выходила из неё только раза два-три в то время, когда дом бывал полон гостей, и то затем только, чтоб усмирять расшумевшихся детей или принять меры против того, чтоб покой Серафимы не был нарушен. Софья Никандровна заходила аккуратно каждый день узнавать о здоровье больной дочери, иногда являлась и вторично, когда бывала дома и не занята, но тем и ограничивалось её участие. Николай Николаевич тоже проводил каждый день несколько времени возле больной, преимущественно перед вечером, в то время, когда старшая дочь его играла на фортепиано. Девочки, кроме Клавдии, которая очень часто бывала у больной, редко заходили "посмотреть на Фимочку". Именно посмотреть, потому что они, едва взглянув на нее, сейчас же исчезали затем, чтобы тотчас за дверьми поахать над тем, как она изменилась, какая страшная сделалась, и в ту же минуту забыть о её существовании. Елладий никогда не заходил к сестре, и она никогда о нем не спрашивала. Она, впрочем, и двух средних сестер не любила видеть в своей комнате, почти всегда упорно молчала, когда они приходили, а иногда, проводив их взглядом за дверь, спрашивала недовольным голосом:

– Зачем они приходят?.. Что им нужно?.. Я не хочу их. Бог с ними!..

Раз даже Надежда Николаевна сделала ей замечание, что нехорошо так относиться к сестрам, что Поля и Риада навещают ее потому, что беспокоятся об её здоровье. Фимочка покачала головой и, недоверчиво усмехнувшись, сказала:

– Нет, Надечка, ты ошибаешься. Не могут они обо мне беспокоиться, потому что совсем меня не любят, а приходят так, из любопытства...

Однако, она с тех пор воздерживалась от замечаний и кротко сносила непродолжительные посещения сестер.

Прошли самые суровые морозы, наступил февраль – туманный, сырой, с легкими морозами, но зато сильными ветрами. При такой гнилой погоде размножились болезни; доктора не успевали лечить тифы, воспаления, дифтериты. Понятно, что и хроническим больным было хуже. Бедная Фимочка еле дышала, измученная кашлем, вырывавшимся со свистом и хрипом из её ввалившейся наболевшей груди. Несколько дней, в особенности несколько ночей, было таких тяжелых, что всем стало ясно, что она не жилица. Но с Серафимой в самое последнее время произошла странная перемена: насколько прежде она равнодушно относилась к смерти, настолько вдруг, теперь стала усиленно думать о жизни. Она начала мечтать о теплых, светлых днях; ей страстно хотелось скорей увидать весну, подышать свежим воздухом...

Полумертвая, лежала она, едва дыша, и жадно слушала рассказы Нади о том – как придут скоро вешние дни, как заблистает солнышко на свежей зелени, как выставят все рамы, раскроют окна и пахнет в них теплый ласковый ветерок...

– Ну, – чуть слышно подгоняла она сестру, едва та замолкала, – ну, и что ж?.. Мы выйдем? Ты вынесешь меня в сад? Мы поедем с тобой гулять?..

– Поедем, дорогая моя, еще бы! Велим запрячь карету...

– Не хочу карету, – капризно перебила Фима, – коляску, открытую, чтоб все было видно!..

– Ну да, коляску... Мы поедем за город в лес, в поле. Везде будем кататься... Я нарву тебе цветов, – много, много красивых цветов...

– Я сама хочу рвать...

– Сама и будешь, – подтвердила сестра, дивясь тому, откуда берутся у неё силы совладать с собой, с своим голосом.. Она говорила о прогулках, о цветах на лугах и в рощах, а ей в тоже время отчетливо представлялась другая, близкая, неизбежная, последняя прогулка Фимы. – не в коляске, а в белом гробике, покрытом её любимыми цветами, и сердце её надрывалось в то время, когда лицо её должно было оставаться спокойным... Она говорила ровным, ласковым голосом. Она рисовала самые веселые и яркие весенние картины умирающей, которая с наслаждением слушала её, смотря с восторгом и доверием в улыбавшееся

105

ей лицо любимой сестры. Надя взялась беречь эту маленькую, никем не любимую страдалицу; она дала себе слово, не жалея себя, лелеять ее, облегчить последние дни разлуки её с жизнью, и свято исполняла пропятую ею на себя обязанность. Сила любви превозмогла силу собственного горя; она забывала его, вся проникнутая одним чувством, одним страстным желанием – дать облегчение страданиям умиравшей. И Бог помог ей это сделать. Во всю остальную жизнь свою Надежда Николаевна с отрадой вспоминала, как, тихо угасая, уже в агонии, благодарение Богу, подкравшейся незаметно, без особых страданий, Серафима взяла ее за руку и чуть слышно прошептала:

– Я, кажется, засну... Мне хочется поспать, но ты не уходи... Посиди здесь... Рассказывай мне еще, как мы летом будем искать ягоды в роще... А если я засну, мне, может быть, это приснится... Рассказывай, милая...

И она в последний раз, посмотрела на неё глубоким, ласковым взглядом и не переставала улыбаться ей, пока глаза её не сомкнулись и предсмертный холодный пот не выступил на потемневшем лице...

Что было после этого – Надя ясно уже не помнила. Она видела, что кругом двигались все домашние, кажется, созванные нянькой; видела, что доктор присел на край маленькой кроватки, взял из рук её исхудалую, похолодевшую ручку Фимы, щупая пульс, затем давал ей самой нюхать спирт, потом отец взял ее за руку, обнял, назвал ее своей бедной, дорогой девочкой и отвел прочь. Они сели на её диванчик, – тот самый, на котором лежала Фима, когда ее привезли осенью. Это была последняя сознательная мысль, мелькнувшая в голове Нади; затем она оперлась головой на плечо отца, и, вероятно, голова у неё закружилась, потому что она окончательно перестала на несколько секунд видеть и сознавать происходившее.

Ее привели в себя неистовые вопли Софьи Никандровны и её дочерей. Надя с трудом приподняла голову и обвела всех сухими, воспаленными от бессонницы глазами. На креслах, среди комнаты, мачеха её металась в истерике. Возле неё суетился откуда-то взявшийся другой доктор, а не их Антон Петрович, – тот стоять опершись к стене, заложив руки за спину, и смотрел издали на кроватку Фимы, где та, вытянувшись, лежала неподвижно. Надежда Николаевна поняла, что все кончено, что она Фиме более не нужна. Она встала и сделала несколько шагов к дверям. Отец, не выпуская её руки, спросил:

– Куда ты, милочка?

– Я.... выйду... пройдусь по галерее... Пусть уж теперь без меня сделают все, что нужно.

И, не поднимая более ни на кого взгляда, она вывила из комнаты, и только там, на просторе, в холодной галерее, дала волю воспоминаниям об умершей и слезам, которые облегчили её стесненную грудь.

Отец, по совету Антона Петровича, оставил ее одну и распорядился, чтоб кроватку умершей и все, что ей принадлежало, как можно скорее вынесли из комнаты его старшей дочери. Двери во временную спальню Фимочки заперли, и все в комнате Надежды Николаевны в тот же вечер привели в порядок, так что она, вернувшись к себе, могла подумать, что последние полгода – только тяжелый сов, кошмар, бесследно рассеявшийся. Когда она, среди ночи, вдруг проснулась после глубокого забытья, вызванного страшной усталостью, ей так и подумалось, что Фимочка возле неё... С трудом припомнила она действительность. Она быстро встала, зажгла свечу, накинула блузу и вышла в коридор. Ее охватило холодом, хотя из коридора отапливался весь дом. Полоса слабого света ложилась вдоль него из залы и оттуда доносился монотонный голос читавшего над мертвым ребенком читальщика. Слезы подступили к глазам её и хлынули неудержимо, когда она подошла к столу, на котором лежало, прикрытое белой кисеей то, что несколько часов тому назад было Серафимой...

Читальщик досмотрел на вошедшую и снова начал читать псалтырь. Свет восковых свечей заколебался и тени заходили по крошечному личику умершей. Спокойно до торжественности было это личико. Все резкие линии, проведенные на нем страданием, теперь изгладились; черные брови, почти всегда сведенные, расхмурились и лежали только слегка приподнятыми дугами на бледном лбу, будто она чему-то удивилась в последнюю минуту, да так и застыла. На бесцветных губах будто бы даже играла улыбка...

Надя склонилась и долго смотрела на неё и мысленно задавала вопросы: "Фима, Фимочка, – думалось ей, – видишь ли ты меня? Знаешь ли, что я здесь, возле тебя?.. Где ты?.. Что с тобой теперь?.. Хорошо ли тебе? Не мучаешься больше, бедная, бедная моя девочка?!.. Или не до нас тебе?.. Быть может, ты теперь далека от всего здешнего, забыла то, чего так горячо только что желала: светлого, теплого лета, солнца, цветов..."

И пред ней восставали картины прошлого, в уме воскресали их разговоры, пытливые расспросы Фимы, и сама она теперь готова была ей задавать такие же неразрешимые вопросы, какими, бывало, озадачивала её Фима. Долго простояла она над мертвой сестрой. Она прощалась с ней навеки...

Совсем разбитая вернулась Надежда Николаевна к себе и легла; по заснуть не могла до самого утра. Вид умершей девочки напоминал ей другую покойницу, – её бабушку Ельникову. Их одних только и видывала она мертвыми. Но семь лет тому назад она была еще дитя и, несмотря па горячую любовь к бабушке, боялась смотреть на нее после смерти.

Теперь она дивилась, вспоминая это чувство безотчетного страха, и старалась вспомнить яснее покойную старушку. Воспоминания, печальные мысли и горе по Серафиме не дали ей заснуть до тех пор, пока заря не окрасила восток.

Глава XIX

Лицемерие

Едва она забылась, в её комнату вошла Марфуша – доложить, что из магазина приехали мерку снимать для траурного платья.

– Ничего мне не нужно шить! – раздражительно отвечала Надежда Николаевна. – Какой вздор! На что эти трауры?.. Кому они нужны?

И она решительно повернулась на другой бок и приказала горничной уйти и не будить её, хотя бы она проспала до вечера.

Горничная вышла в недоумении. Зная хорошо отношения господ и не желая возбуждать гнева барыни против Надежды Николаевны, она сообразила, что сделать.

– Барышня моя всю ночку не спала, – сказала она швее из магазина, – все плакала по сестрице, а, вот, нельзя ли по этому платью сшить? Оно на них хорошо сидит...

Швея согласилась, но этим Марфуше не удалось уладить неприятностей. Подавая своей барышне чай в её комнату, она доложила, что барыня приказала ей к двенадцати часам быть в зале на панихиде по Серафиме. Надя ничего не отвечала, однако, решила, что пойдет, – ей хотелось помолиться, но не хотелось, чтоб ее видели, и она была бы принуждена разговаривать с своими домашними. Ей хотелось бы тишины и полного уединение... Даже отца она приняла неохотно и мало с ним говорила, когда он зашел ее проведать. Когда же, около полудня, вбежала к ней Полина, одетая, в ожидании настоящего траура, в белое платье с черными бантами, Надя вся вздрогнула и с неудовольствием оглядела её наряд. Тем не менее она поднялась было, но сейчас же опустилась на свое место, как только вникла в смысл оживленных рассказов сестры.

– Иди же, иди скорее, Надя! Священники уже пришли, и много знакомых собралось: Красовская, Ильина, княгиня Мерецкая, все Грабины, Эйерман обе сестры – все так маму утешают, уговаривают... Княгиня так плачет, так плачет, – своих детей вспоминает... А старуха Грабина тоже так хорошо, так чудесно говорила нам о воле Божией, о терпении, о том, что Фимочкиной душе отрадно с божьими ангелами летать, что горевать по маленьким детям грешно...

"Когда дети умирают, они делаются маленькими ангельчиками", – вспомнились Наде Фимочкины слова, и вдруг она сама не успела определить, плакать ли ей захотелось, или рассердиться, как неожиданно для самой себя крепко рассердилась. Гнев так и охватил ее всю. Она разом похолодела и чувствовала, что у неё захватывает дыхание, что еще минута – и она в состоянии броситься на эту бездушную, разряженную девчонку и грубо вытолкнуть ее вон...

Поля, между тем, продолжала рассказывать, чуть не захлебываясь от своих слов:

– Ах, как Анфиса, и нянюшка, и Таня рыдают – ужас! – кричала она, вертясь перед зеркалом, оправляя свои траурные банты и ничего не замечая. – Мама говорит, что всем им за это купит по платью: они так любили Фиму!.. Да, все плакали! Знаешь, мы все так ревели, так ревели, особенно когда этот дурачок Витя подошел к Фимочке и начал тянуть со стола скатерть: "Зачем, говорит, она на стол легла? Зачем она шалит?.. Снимите ее, я тоже хочу так полежать!.." Такой смешной!.. Мама как закричит! Бросилась, схватила его, кричит: "Мальчик, мой мальчик, что он говорит, Боже мой!.." Ну, папа велел увести Виктора и больше его в залу не впускать...

– И папа там? – с трудом выговорила Надежда Николаевна.

– Нет, папа вошел только, когда Витя и мама закричали... Он в кабинете. Но он придет, когда начнут служить... И бабушка сказала, что придет. Она тоже больна, ты знаешь? А m-lle Naquet говорит, что это вздор её болезнь; знаешь, она говорит: старые люди всегда смерти боятся, оттого, что им скоро придется самим умирать...

– Никто не знает, кому когда умирать придется. Не болтай пустяков... Вон, Фима моложе вас всех...

– Да, бывает, разумеется... Так что ж ты, Надя? Одевайся же скорее! Ты не успеешь... Сейчас, начнется...

"Комедия Софьи Никандровны?" – чуть не сорвалось с языка Надежды Николаевны, но она пересилила себя.

– Не беспокойся обо мне, – начала было она, – иди себе...

Но не успела она окончить фразы, как в её комнату тихо, чинно, с искусственно печальной физиономией, вошла Ариадна. Её сложенные бантиком губы, её опущенные глаза, которым она старалась придать вид печали – все в лице её словно задавало окружавшим вопрос: не правда ли, какая я прелестная, благовоспитанная девочка? Уж как я убита смертью сестры, а сдерживаюсь.

Если болтовня Аполлинарии внушила негодование старшей Молоховой, то лицемерная рисовка второй сестры её положительно возбудила в ней отвращение.

– Что тебе нужно? – резко спросила она.

– Maman vous fait dire[5]...– кротко вздохнув, начала Ариадна.

– По-русски! – закричала Надежда Николаевна.

Риада подняла на нее взор, полный изумления, чуть-чуть пожала плечами, но послушно перевела:

– Мамаша (она в последнее время всегда называла так Софью Николаевну, потому что так звала свою мать маленькая княжна Мерецкая) просит не медлить. Все уже собрались, и сейчас начнется панихида по нашей бедной Серафимочке...

– Хорошо, – снова резко прервала старшая сестра, – уходите!.. Идите обе... я не пойду!

– Не пойдешь!?. – ахнули обе девочки разом.

– Mais c'est inconvenant![6] – прибавила Ариадна.

– Пошла вон! – не сдержалась Надя. – Слышишь, Риада?.. Пошла прочь от меня, бессердечная, лицемерная девчонка!.. Иди и ты, Поля, да постарайся хоть раз перекреститься за сестру искренне, а не для того, чтобы похвалили гости...

Маленькие Молоховы вышли. Надя встала и быстро начала ходить по комнате, стараясь сдержать негодование и огорчение, готовые вырваться рыданиями.

– Несчастные, несчастные!.. – повторяла она, невольно останавливаясь на ходу, то ломая руки, то обмахивая свое разгоревшееся лицо.

Минут через пять ручка дверей её снова повернулась и из, них раздался голос отца её:

– Надюша, можно войти?

Она сделала над собой усилие, чтоб ответить:

– Войди, папа... Что ты хочешь?

– Я пришел узнать о тебе, милочка! – Николай Николаевич вошел и взял за руку дочь, пытливо глядя в её взволнованное лицо. – Дети там сейчас сказали, что ты не придешь на панихиду... Я думал: уж не больна ли ты?

– Нет, папа, я здорова, но... Я не выйду туда.

– Отчего же, родная?.. Оно, конечно, тяжело, но.. Помолиться надо же.

– О, я молилась о ней много, пока она была жива! Я и еще помолюсь не раз, но... Не при такой обстановке.

– Как хочешь. Я понимаю, тебе неприятно это сборище... Но что же делать! Так водится... Показывать участие...

– Ну, и пусть его показывают тем, кто в нем нуждается, а меня болезнь

---

[5] Мама прости вас...

[6] Но это не вежливо!

Фимы отучила от всех этих участий: я не мастерица играть комедии, по заказу плакать и благодарить за утешения!.. Иди, папа, тебя будут ждать.

– Я пойду. Тебя тоже ждали, Наденька... Смотри, чтоб это не показалось странным, чтоб тебя не осудили...

– А на здоровье, кому охота... Неужели это тебя смущает?.. Я не могу из-за таких опасений поступать против своей совести...

– Ну, Бог с тобой!

Генерал направился к дверям. Наде вдруг почему-то стало совестно и жаль своего отца, Она сделала несколько шагов вслед за ним, взяла и поцеловала его руку. Молохов остановился, тронутый, и крепко поцеловал ее в голову.

– Ты не сердись на меня, – сказала она. – Право, я не могу... Ты, ведь, знаешь, как я ее любила... Я лучше помолюсь о ней здесь одна...

Слезы слышались в её голосе. Слезы навернулись и на глазах отца.

– Как знаешь, моя душа... Я не неволю, только... видишь ли, не обвиняй их очень строго... Всякий по-своему... В них нет того... Что в тебе...

Молохов затруднился дальнейшей речью.

– О, папа! – возразила Надежда Николаевна более твердым голосом: – что мне за дело осуждать?.. Жаль, что дети растут такими... исковерканными... А, впрочем... Иди скорей: тебя ждут! И скажи, пожалуйста, что я больна, что у меня очень голова болит.

Это была совершенная правда.

Отец пошел в залу на панихиду, а дочь его опустила шторы и легла – не спать, а тихонько поплакать задушевными, искренними слезами над бедной маленькой девочкой, которую чрез несколько шагов от неё так громко оплакивали официальными слезами люди, от которых при жизни она не видела ни ласки, ни привета.

На другой день Серафиму похоронили. Кортеж был очень богатым: у Молоховых так много было знакомых...

Надежда Николаевна не шла с мачехой и сестрами, которые шествовали в глубоком трауре и пешком за парчовым гробом, а ехала в карсте. Когда своя и гостя разъехались, она попросила отца отвезти ее к Вере Алексеевне. Ельникова не была на похоронах, потому что была не совсем здорова, т.е. попросту порядочно-таки больна сильной простудой горла, что с умыслом скрывала от двоюродной сестры, чтоб еще не увеличить её забот и печали. У неё Надя провела целый день, а вечером, вернувшись, прошла прямо к себе и легла.

Несколько дней потом она усердно избегала встреч и разговоров со своими домашними, кроме, впрочем, отца, да отчасти Клавы. Клавдия непритворно скучала по Фимочке и приходила побеседовать с ней, помянуть прошлое со старшей сестрой. Они вообще теперь были друг другу ближе, чем остальные дети Молоховых.

Пошло все своим чередом, – дни за днями, месяца за месяцами, для кого – в однообразии постоянных занятий, в строгом исполнении обязанностей, возложенных жизнью на каждого человека, для других – в бесконечной цепь удовольствий, мелочных забот и праздности. Надежда Николаевна старалась наполнить свои дни занятиями, особенно в первое время после смерти Серафимы, когда ей было необходимо лихорадочной деятельностью заглушать печаль и чувство одиночества. Не стесняясь более неудовольствиями мачехи, она еще взяла несколько уроков и все выручки свои употребляла на семью Савиных, а не то на подарки бедным воспитанницам, на плату за их учение в гимназию. Сама она, к величайшему отчаянию мачехи, была до того неприхотлива в туалете, что у неё на себя не выходило даже половины того, что давал ой отец. От выездов она упорно отказывалась. Она терпеть не могла этих выставок нарядов и веселья по заказу; танцев же она с детства не любила.

Софья Никандровна, наконец, махнула рукой и открывала свое горе только в беседах с близкими ей, горько жалуясь на своеволие, избалованность падчерицы и на сильное потворство её мужа. Тем не менее жизнь их все более шла врозь. Надежда Николаевна утром рано виделась с отцом и по вечерам иногда по несколько часов проводила с ним, когда мачехи не было дома; но с остальными членами семьи часто не виделась по целым дням, обедая то у Ельниковой, то у Савиных, то проводя целые дни в гимназии, помогая начальнице в какой-нибудь большой работе. Часто она оставалась у Юрьиных, с которыми все ближе сходилась, и у Соломщиковой бывала нередко. Она вообще избегала проводить время в семье, чувствуя себя в ней все больше чужого. Аполлинария Фоминична часто выговаривала своей внучке: зачем, она отдалила детей своих от старшей сестры. Старшая сестра им хороший пример, и едва ли бы девочки не выиграли больше от её влияния, чем от наставлений своей француженки... Госпожа Молохова, из уважения к бабушке, не спорила, но втайне считала ее выжившей из ума старухой и презрительно относилась к её советам. Она вообще не могла попять людей, которые находили в её падчерице какие-то особенные достоинства. "Глупая, самонадеянная девчонка, с самыми грубыми вкусами и страстью рисоваться своими серьезным направлением" – вот какого мнения она сама была о старшей дочери своего мужа. "Но дай Бог, чтоб мои дочери были такие педантки ил деревяшки", – прибавляла госпожа Молохова. Почему она вообразила, что Надежда Николаевна деревяшка – трудно сообразить; разве только потому, что она не выказывала ей особой благодарности за её заботы по части её туалета и, очевидно, тяготилась её ценными подарками. Во всем другом трудно было найти человека отзывчивее и впечатлительнее Нади Молоховой. В ту весну она давала уроки в гимназии за свою кузину, которая неожиданно уехала в начале марта за границу. Дело было так. Вера Алексеевна, простудившись зимой, никак не могла поправиться. Её доктор, Антон Петрович, боялся серьезных последствий этой простуды и горячо ухватился за возможность отправить ее от нашей северной распутицы на юг. Ее упрашивала поехать с ней Юрьина, уезжавшая в Италию и южную Францию; её собственное здоровье вынуждало ее расстаться с дочерью, которую она поручила заботам самой начальницы гимназии. После экзаменов Александра Яковлевна сама выезжала за границу и должна была привезти Олю к её матери. Но бедная женщина заранее приходила в отчаяние от мысли, что она расстанется с дочерью, да еще должна будет одна-одинешенька жить с чужими людьми, в чужой земле. Она искала какую-нибудь спутницу, но, тихая и очень застенчивая от природы, она очевидно боялась сообщества неизвестной ей особы и несказанно обрадовалась предложению доктора переговорить с Ельниковой. С ней они были уже знакомы. Она ей правилась и была бы очень счастлива ехать именно с ней. Антов Петрович знал, где ему искать союзника, и тотчас же обратился к Наде Молоховой. У той живо загорелось дело.

Прежде всего она переговорила с начальницей гимназии и, только устроив все с ней, убедясь, что Вера не потеряет места из-за этой поездки, отправилась уже к кузине. Вера Алексеевна, разумеется, с первых слов стала на дыбы против этих фантазий. Она совершенно здорова, совсем не хочет терять своего места, катаясь по Венециям и Ниццам, предоставляет это богатым барышням, которым больше нечего делать, и т. д. Но, окруженная такими тонкими дипломатами, как Надежда Николаевна, доктор и Александра Яковлевна, она должна была уступить общим настояниям. К величайшей радости Нади, еще снег не сошел с окрестных полей, как обе путешественницы уехали, сопровождаемые пожеланиями своих немногих, но искренних друзей.

– Теперь ты будешь каждое утро проводить в гимназии за Веру Алексеевну; ты очень будешь занята, – сказала Наде Маша Савина, возвращаясь с ней вместе с проводов, – тебе невозможно оставить за собой утренние уроки...

– Это мое дело! – решительно возразила Надя. – Пожалуйста, не вмешивайся в то, что тебя не касается.

– Но, воля твоя, это невозможно! Я скажу маме...

Надежда Николаевна сердито обернулась к ней и, не дав досказать фразы, резко отвечала:

— Если ты ей скажешь хоть слово, если ты помешаешь мне докончить мое дело, ты мне не друг, а враг на всю жизнь.

Савина никогда не видела ее такой злой. Она молчала, озадаченная.

— Посягать на исполнение чужого слова — это все равно, что самой своих обещаний в грош не считать, — продолжала через минуту Молохова, немного спокойней. — Честный человек этого никогда не сделает... Осталось всего каких-нибудь месяца два, было бы о чем разговаривать! Смотри, Маня, ни полслова не смей говорить матери до того дня, как ты получишь диплом, иначе я знать тебя не хочу!.. Потом увидим, что будет... Сдам тебе своих учениц, тогда, может быть, буду веселиться: в свет и в пляс пущусь, к удовольствию Софьи Никандровны, — добавила она, улыбаясь.

Итак, все осталось в прежнем порядке. Марья Ильинична продолжала получать субсидию, даже не подозревая, что новые занятия Надежды Николаевны не позволяют ей более давать уроков по утрам. Как она справлялась с принятыми обязанностями — осталось её секретом. Достаточно сказать, что все шло благополучно, и никто не был недоволен, кроме опять-таки Софьи Никандровны, которая не могла переварить спокойно мысли, что её падчерица окончательно поступила в гимназию учительницей.

Глава XX.

Пришла одна беда – отворяй другой ворота

В занятиях время летело незаметно. Весна пришла, и с ней обычные тревоги учащихся и учащих. Хлопоты и труды Надежды Николаевны за Савину увенчались полным успехом: она получила диплом, и, кроме того, ей была обещана первая вакансия учительницы в гимназии.

По окончании экзаменов, начальница гимназии уехала с Ольгой Юрьиной к её матери, в Тироль, куда та с Верой переехала на жаркое время. Ельникова писала самые счастливые письма; она очень поздоровела; чужие края, особенно Италия, ей правились чрезвычайно, а с матерью Оли она сошлась дружески. Надежда Николаевна не могла нарадоваться. Ей иногда только вздыхалось при мысли о том, когда-то ей придется видеть диковинки, которые описывала ей Вера?.. Ей очень бы хотелось повидать белый свет...

Раз она невольно высказалась перед отцом.

– А вот, подожди, голубка моя, – ответил тот, – вернусь, Бог даст, в июле из командировки, приеду за тобой в деревню, и съездим мы вдвоем в Англию и в Париж. Мне надо будет поехать по делу...

Николай Николаевич со времени смерти Серафимы ещё более любовно относился к старшей дочери. Он ехал на месяц или полтора по делам на север России, а семья выезжала в подгородное имение, куда, скрепя сердце, ехала на время вместе с мачехой и Надежда Николаевна.

"Переживу как-нибудь шесть недель, – думалось ей, – потерплю, а зато потом какое удовольствие! В три месяца ведь всю Европу объехать можно, а папа может проездить до октября!"

И, полная розовых грез, она уверенно смотрела в будущее.

В половине мая Молохов уехал в командировку. Дня через три вся семья должна была оставить город, но, за сборами и прощальными визитами, замешкались до первых дней июня.

Накануне отъезда, Софья Никандровна со всеми детьми, кроме маленького Вити, не совсем здорового, проводила день на даче у княгини Мерецкой. Надя, по обыкновению, не ездила. Она целый день укладывалась, разбирала свои вещи с помощью Маши Савиной, а потом пошла проводить ее и проститься с её домашними, но пробыла недолго. Вернувшись домой часу в девятом, она пошла было проведать маленького брата, как вдруг заслышала движение в комнате девочек: ей показалось чей-то не то плач, не то кашель. Она очень удивилась.

– Что такое? – спросила она горничную. – Дети вернулись? Кто-нибудь болев?..

– Да, мамзель барышню Клавдию Николаевну привезли из гостей: горло им схватило. Так и горят все, и даже плачут, так им больно!

– А... барыня не вернулась?

– Нету-с. Они куда-то еще дальше, на лодках кататься поехали, а только барышню отослали... Им тогда, мамзель говорят, не так дурно было; теперь хуже стало... А мамзель-то такие сердитые, не дай Бог, – как бы про себя, прибавила горничная.

Надежда Николаевна, не слушая далее поспешила в комнату сестер.

Клавдия сидела, уже раздетая, в постели. Лицо её было красно-багровое, искаженное плачем и злостью. Она отчаянно срывала с себя платки и одеяла, которыми ее окутали, хрипло кричала, что ей жарко, что ее душит, чтоб ей дали пить, задыхалась и выходила из себя, напрасно призывая гувернантку, хладнокровно снимавшую свой наряд в смежной комнате.

– Что с тобой, Клавочка? Ты больна? – вскричала Надя, быстро подходя к сестре. – Что у тебя болит?

– Здесь... горло... Душит меня... Режет... Ой-ой-ой... – всхлипывая, отвечала девочка, хватаясь за шею. – Воды! Воды!..

Надежда Николаевна с первого взгляда поняла, что Клава больна серьезно. Она быстро налила ей воды, коснулась губами стакана, чтоб убедиться, что она не холодна, и, дав ей напиться, не задумываясь, прошла в комнату m-lle Наке, где не бывала чуть ли не несколько лет.

– Прошу вас сейчас же вернуться к сестре и посидеть возле неё, пока я распоряжусь послать за доктором! – сказала она озадаченной гувернантке.
– У неё чуть ли не дифтерит или, может быть, круп, я не знаю, но она очень больна... Ей нельзя позволять плакать и кричать.

– Je n'y puis rien![7] – кисло возразила француженка. – Что ж я сделаю? Ее уговаривать невозможно. Во весь путь она ревела...

– Я только хочу, чтоб в отсутствия её матери было все сделано для её спасения. Я повторяю вам, что она очень больна!

И молодая девушка вышла распорядиться, чтобы сейчас же ехали за Антоном Петровичем, а другой человек шел бы к другому доктору и к третьему, одним словом – чтоб доктор был, не тот, так другой!.. У Надежды Николаевны была дорогая и очень редкая, особенно в молодости, способность не терять головы. Возвращаясь к сестре, она вспомнила, что в этих случаях самое лучшее средство согревательные компрессы. Она побоялась взять лед, увидев на лице Клавдии какие-то

---

[7] Я ничего не могу с этим поделать!

117

подозрительные красные пятна, а приказала принести горячей воды и две губки и, сев возле сестры, начала сама прикладывать ей к горлу и беспрерывно менять горячие припарки. Это сейчас же остановило острую боль и девочка немного успокоилась. Через полчаса приехали один за другим два доктора и немедленно приняли самые решительные меры. У Клавдии оказались дифтерит и какая-то сыпная болезнь, которая еще недостаточно выяснилась, чтобы ее можно было тотчас определить. Доктора сказали, что больную необходимо отделить от других детей. Услышав, в чем дело, гувернантка пришла в страх и ужас неописуемые. Дифтерит? Сыпная болезнь? Скарлатина? Быть может, оспа?.. Боже мой! Но ведь это зараза, эпидемия, смерть!.. Что же делать? Куда деваться?.. Как спастись?!.

– Да успокойтесь, Бога ради! Чего вы из себя выходите! – сказала раздосадованная Надежда Николаевна. – Вы слышите: мы сейчас отделим ее от детей... Мы вынесем кровати Риады и Поли...

– Вынести их кровати? Voila qui est bien[8]. А остальные?.. А я сама?.. Я совсем не хочу схватить заразу!

– Мне до вас нет никакого дела, – презрительно отвечала ей Надя, – но дело в том, что я нс знаю, куда перенести всех троих детей?.. Легче ее одну... Антон Петрович, вот что я вам скажу: как вы думаете?

Она передала ему свои соображения, с которыми доктор вполне согласился, и через десять минут m-lle Наке с несказанным облегчением видела, что больную переносят совсем, и с её кроваткой, из общей спальни сестер. Гувернантка сейчас же поотворяла все двери и окна и принялась энергично окуривать эту комнату и свою уксусом и всякими снадобьями, чтобы дезинфицировать ее от заразы. Предосторожность эта, впрочем, была не лишняя в виду страшной заразительности дифтерита, но только личная боязнь, доведенная до крайности в сорокалетней женщине, не могла расположить к ней окружающих.

После первых забот о сестре, Надя вспомнила, что и Вите целый день нездоровилось. Она попросила доктора взглянуть и на него. Ребенок лежал, разметавшись, весь в жару и в красных пятнах.

– У него ветряная оспа, – объявил доктор. – Почему за мной не прислали утром?.. Вероятно, то же самое будет у Клавдии, а ее возили за город!

Доктор покачал головой.

– Я заеду еще часа через два, посмотреть... Вы ведь не ляжете, пока не вернется Софья Никандровна.

---

[8] Это возможно.

– Я думаю, придется и совсем не ложиться… Кто же будет давать лекарство?.. Вы видите, что гувернантка заперлась, а няня возле Виктора…

– Не понимаю я вашей маменьки, – снова покачав головой, резко заметил Антон Петрович. – Она так убивается, падает в обмороки по умершим детям, а между тем так мало заботится о сохранении их, пока они живы! Я уверен, что начало болезни уже вчера можно было заметить…

– Да, гувернантка говорит, что Клавдия с утра жаловалась, что ей больно глотать…

– Так зачем же она матери-то не сказала?

– Забыла, говорит. Клавдия, как услышала, что едут в гости, перестала жаловаться… Да еще, у княгини за обедом, она ела мороженое…

Доктор только рукой махнул.

– Наблюдайте, пожалуйста, за мальчиком, – сказал он, уходя, – он, вероятно, сестру наградил оспой, а она вряд ли не передаст ему дифтерита. Такие болезни в семьях всегда почти всех лоском кладут. И чего здесь сидели!.. Говорил: уезжайте скорей на чистый воздух, от всех городских прелестей, – так нет. Вот и дождались. Теперь ждите, когда в деревню попадете!

Доктор, сердито ворча, уехал, но в полночь приехал снова. Он застал старшую Молохову над больной Клавдией, сильно страдавшей; Витя тоже плакал: и у него, как и предвидел доктор, опухло горло и затягивалось зловещей белизной, как у сестры. А генеральши, с остальными детьми, все еще не было дома…

– Она и к другим дифтерит завезет! Вот увидите, – ворчал Антон Петрович, и приказал перенести и Виктора в дальнюю комнату, приемную Молохова, за отъездом его совершенно свободную, куда перенесли уже Клавдию.

Наконец, во втором уже часу, вернулась Софья Никандровна и пришла в ужас и отчаяние неописанные. Как, дифтерит, – эта мучительная, заразительная, смертельная болезнь, – у её детей?.. У двоих разом!!. Боже мой! За что такие на неё несчастья? За что на неё именно обрушилась такая беда?..

– Я полагаю, не на вас одних, когда в городе вот уже три месяца, как дети мрут от горловых болезней, как мухи, – заметил ей доктор, очевидно недовольный. – Надо было раньше заботиться.

– Да как заботиться? Что я могла, почем я знала?

– Предусмотрительные родители знают. Клавденька, говорят, с утра жаловалась… Впрочем, что уж теперь!.. Других-то поберегите: плачем мало поможете…

– Других?.. Дети, уходите, уходите прочь отсюда! – спохватилась

Молохова. – Ах, Антон Петрович, научите, что делать?.. Не сердитесь, пожалейте меня! Я такая несчастная!..

– Жалость не наше дело, сударыня; нам нужны распорядительность и благоразумие в матерях, а не истерики и слезы... Удалить надо детей из дому, пока еще не все заразились.

– Мне кажется, их надо бы сейчас же увезти из дому, – отозвалась Надежда Николаевна из-за изголовья больной сестры, от которой она не отходила.

– Все-то бы лучше. Дифтерит не шутит, – согласился доктор.

– Из дому? Но куда?.. В деревню я боюсь отправлять их одних...

– Да теперь и невозможно, пока мы не уверены, что они тоже не заражены. В деревне нет ни доктора, ни аптеки, а без них в этих болезнях не обойтись...

– Я думаю, всего лучше сейчас же переселить их к бабушке, к Аполлинарии Фоминичне, – сказала Надя. – Пусть едет и m-lle Наке: она, все равно, здесь бесполезна.

– К бабушке?.. Но беспокоить старуху среди ночи...

– Аполлинария Фоминична не из таких, чтоб не понять необходимости; я уверена в этом, – настаивала Надя.

– И я уверен, что она своим внучатам не враг, – сказал доктор. – Разговаривать некогда; я вам советую сию минуту свезти их самой, благо, вы еще возле больных не бывали, – прибавил он с оттенком насмешки в голосе, которой госпожа Молохова не заметила.

Она сейчас вышла распорядиться переселением троих детей, приказала гувернантке сбираться и направилась в комнату старшего сына, которого застала в постели, за чтением переводного французского романа. Выслушав мать, позевывая, Елладий отнесся очень равнодушно к её отчаянным возгласам и объявил наотрез, что не перейдет к бабушке, а преспокойно останется в своей комнате.

– Какая мне охота жить у этой староверской игуменьи? – заявил он. – И к чему?.. Вы там себе хоть помирайте на том конце дома, – я туда я не загляну! Откуда мне заразиться?.. Пожалуйста, не беспокойся!.. Да я и тебе советую поменьше там бывать. Возьми хоть трех сиделок и сестер милосердия, а самой зачем рисковать?

Сколько ни упрашивала его мать переменить решение, он твердо стоял на своем и наконец даже рассердился и очень неучтиво попросил не мешать ему спать. В сущности, Елладий, оставшись, за отъездом отца, полноправным распорядителем своих поступков, был даже очень рад подолее побыть в городе. Заболеть он не боялся: комната его была наверху, в боковом мезонине, с окнами в сад и на улицу и совершенно отдельным входом.

"Я прикажу совершенно запереть дверь в коридор, – думал он по уходе матери, – даже Левке своему не велю с их прислугой говорить и видеться, а сам не сойду даже в залу. Зачем?.. Если кто ко мне придет, я здесь же, в бильярдной, приму. Еще лучше!.. И обедать мне сюда будут подавать... Да, впрочем, я так редко бываю дома!"

И точно. Рассвет обыкновенно загонял Елладия Николаевича домой; вставал он поздно, завтракал и уходил из дому до следующей зари. У "староверки" бабушки, без сомнения, ему не было бы такой безотчетной свободы...

В эту ночь Софья Никандровна не входила больше к своим больным детям – ради здоровья остальных. Риада с Полей провели дочь у неё в комнате, а рано утром гувернантка переехала с ними к Соломщиковой. Бабушка очень удивилась и испугалась за детей. Она сейчас послала вынуть части за их здоровье просила приходского священника прийти к ней на дом отслужить молебен о здравии отроков Клавдии и Виктора и девицы Надежды.

– На что же это, бабушка, – удивленно заметила ей старшая правнучка, – ведь Надя совершенно здорова?

– Здорова до поры до времени .. Знаю я эти болезни: они злющие, переходные, а Надежда-то Николаевна, чай, и не отойдет теперь от сестры с братом, больше матушки родной убиваться над ними будет... Видела я ее над покойницей Серафимушкой...

– Серафима была её любимицей, – заметила Ариадна, сложив губки бантиком.

– Это все одно! – строго возразила бабушка, – Она таковская, что кто из вас болен, тот и любимец! Это вы только бесчувственные такие, что не цените, какова она у вас сестра есть!

Девочки отошли, будто обиженные, а бабушка, после молебна, приказала запрячь карету и поехала проведать внучку. Она застала Софью Никандровну в своей чанной за кофеем, окруженную модными журналами. В углу сидела модистка, в ожидании приказаний. Софья Никандровна сейчас же ее прогнала и очень горько расплакалась на груди у бабушки над своим несчастьем.

– Что говорить! Горе, великое горе послано на тебя Господом, – согласилась старуха. – Еще счастье твое, что у тебе такая помощница, такая разумная да жалостливая сестра у детей твоих, как Наденька ваша. Где она? Верно, так от их кроватей и не отходит? Пойду к ней, проведаю.

– Ах, нет, бабушка! Что вы!.. Ради Бога не ходите, не касайтесь этой заразы, хоть ради Поли и Риады.

– Эх-эх, Софьюшка!.. Как погляжу я на тебя, ты что малый ребенок!..

Без воли Божией ничего не будет. Ведь, вот, падчерица твоя – молодой человек, сама почти что дитя, а не боится же!..

– Ну, она так создана, это её счастье...

– Нет, не счастье, а заслуга, – великая заслуга, пред Богом и пред людьми, что с этих лет она долг христианский выше всего ставит... Благой пример подает нам всем и ближним великую пользу приносит. Если выходит она тебе детей твоих, – ты ей всю жизнь должна помнить это и пуще родной дочери любить ее должна и холить. Так-то!.. Она – редкая девушка, а ты ее, Софьюшка, я вижу, по заслуге не ценишь.

Софья Никандровна начала горячо оправдываться и доказывать, что очень любит свою падчерицу, отдает ей полную справедливость, что, напротив, та часто несправедливо относится к её заботам и не хочет принимать их... Софья Никандровна была растрогана. Ей в эту минуту в самом деле казалось, что она очень любить Надю.

– Ну, а что ж Елладий? – осведомилась бабушка.

– Елинька только что вышел; купаться пошел... Он так много занимается, читает; просто, ночи все напролет над книгами...

– Давай Бог! По ночам незачем глаз портить: и днем время есть... А что учится – это хорошо... Не хотел ко мне?

– Нет, бабушка: боится за меня. Отец, говорит, уехал, как ты одна в доме справишься?.. Лучше я уже с тобой... Такой любящий, заботливый мальчик...

Приезд доктора прервал разговор их. Софье Никандровне необходимо было пойти с ним к детям, и бабушка пошла за ней. В угоду ей, она только не входила в приемную, обращенную в больницу, а осталась в кабинете мужа и просила выслать к ней Наденьку, когда у неё будет минутка свободная. Но такая минутка нашлась не скоро. В ожидании её, Аполлинария Фоминична успела наслушаться детских стонов и плача и отчаянных воплей Вити, когда ему спринцевали горло; успела также поухаживать за рыдавшей внучкой своей, Софьей Никандровой, ушедшей от этих воплей и криков и не знавшей, как лучше упрятать голову в подушки мужнина дивана. Софья Никандровна была в самом деле очень жалка своим беспомощным отчаянием; однако Антон Петрович, выйдя прописать что-то новое, не обратил на нее никакого внимания, а только очень сурово попросил ее успокоиться и выслушать его слова. Он сказал, что дети очень опасны, особенно Виктор; что вечером, если не будет лучше, он привезет еще доктора, специалиста по детским болезням, а между тем сейчас же пришлет хорошую сиделку, которая у них останется, не столько для детей, за которыми никто лучше Надежды Николаевны ухаживать не может, сколько для неё самой, потому что ей необходим сон и отдых, для того, чтобы не заболеть...

— Неужели она уже успела так утомиться в одну ночь? — слабо спросила Молохова. — Мы все сегодня не спали...

— Я не разбираю, кто спал или не спал, — возразил доктор, — но, зная Надежду Николаевну и предвидя, что её услуги ещё долго будут нужны больным, я хочу с самого начала сберечь её здоровье... для ваших же детей...

Молохова ничего не отвечала. Она не отрывала платка от глаз. Соломщикова начала было расспрашивать доктора, но тот, с обычной ему в такие трудные минуты резкостью, извинился недосугом и пошел снова к больным.

Только когда доктор уехал и бедные дети немного притихли, забывшись непродолжительным горячечным сном, Надя выскользнула на минуту к Аполлинарии Фоминичне. Если б не утомленное выражение, не сдвинутые брови над немного припухшими глазами, можно бы думать, что она совершенно спокойна. Устала ли она? О, нет! С чего же устать. Тяжело только смотреть на бедных детей. Еще Клавдия — большая девочка: можно ей и растолковать и уговорить; сама понимает опасность, и хоть очень ей больно, но все же таки она делает все, что нужно, а бедняжке Вите не растолкуешь и не научишь его ни полоскать горла едким полосканием, ни глотать лекарство, когда глотать так больно, ни смирно давать прижигать ранки. Он очень изменился, очень опасен... Болезнь гораздо сильнее развивается в нём, чем в Клаве... За Клаву она надеется, но за Витю очень боится... Она простить себе не может, что вчера утром не обратила внимания на его здоровье. Правда, что болезнь определилась только вечером, но все же жар и беспокойство были с утра, а она не догадалась послать за доктором... Что такое? Ей отдыхать?.. Да с чего же?.. Она совсем не устала, и напрасно Антон Петрович выдумал брат эту сиделку. Все равно дети ничего не возьмут от чужой, её присутствие только раздражит их. А ей, все равно, не заснуть. Разве она может спать, пока им так дурно, если б даже и ушла от них? Никогда!.. Да она и не уйдет, что бы там Антон Петрович ни говорил... Чу! Кажется Клава зовет ее?.. Да!..

— До свиданья, Аполлинария Фоминична!

И, не успев проститься, не дав глубоко растроганной старухе, поднявшей было руку, благословить себя на прощанье, Надежда Николаевна выскользнула в полутемную большую комнату, где в разных концах лежали больные дети. Клавдия разбросалась в страшном жару и, полу бредя, призывала ее, а Витя водил кругом воспаленными, широко открытыми глазами. Дыхание с трудом, с каким-то глухим шипением и свистом вырывалось из опухшего горла, и он то и дело бессознательно хватался за него ручонками и отчаянно отмахивался от чего-то, словно

123

отгоняя от себя боль. Трудно было отогнать ее! Ей суждено было замереть вместе с жизнью бедного мальчика ..

Несколько дней спустя, генеральша Молохова, и на этот раз с искренне глубоким горем, хоронила еще одного ребенка, пятилетнего сына своего. Теперь она была одна со своими знакомыми и престарелой бабкой. Муж её был далеко; детей она побоялась взять на похороны, а старшая Молохова не могла отойти ни на секунду от больной сестры, на которой теперь сосредоточились все её заботы.

Глава XXI

Задушевные люди

Главная опасность миновала: от дифтерита Клавдия была спасена. Но у неё оказалась необыкновенно сильная, хотя и ветряная оспа. Это чрезвычайно затянуло её выздоровление. Между тем, дифтерит, скарлатина и всякие горловые болезни продолжали свирепствовать в городе. Софья Никандровна непритворно боялась за старших детей, а меньшую невозможно было еще везти в деревню. Доктор советовал ей отправить их с гувернанткой, но она отговаривалась ненадежностью гувернантки, утверждая, что боится ей доверить дочерей.

– Помилуй Бог! Зачем же вы такую особу держите? – удивлялся Антон Петрович. – Десять лет она в доме, и ей на десять дней нельзя детей доверить?..

– Я не понимаю, – вмешалась раз Надя в такой разговор, происходивший в кабинете её отца, – я решительно не понимаю, зачем вам здесь оставаться?.. Клаве теперь ничего не нужно, кроме внимательного ухода и присмотра, а на это, я надеюсь, меня одной хватит; на что же вам жариться в этой духоте и рисковать здоровьем детей?..

– Как? Ты думаешь... Ты хочешь, чтоб я уехала с ними без вас? – нерешительно спросила Молохова; но блеснувшие удовольствием глаза её выдали, что и ей уже приходило такое соображение, и что она рада предложению падчерицы. – Как вы думаете, доктор?..

Доктор молчал, не глядя на нее.

– И уверена, что Антон Петрович не побоится доверить мне одной Клавочку, – заметила Надежда Николаевна.

Доктор взглянул на неё вскользь, со странной усмешкой.

– Не побоюсь, – процедил он и снова нахмурился, встретив просящий взгляд молодой девушки.

– Нет, так как же вы в самом деле думаете? – повторила генеральша, выжидая его прямого ответа.

Доктор махнул рукой, открыл рот, будто сбираясь сказать что-то решительное и, быть может, не совсем учтивое, но, повстречавшись снова нечаянно с серыми честными глазами, так выразительно на него устремленными, вместо резкого ответа, снова махнул рукой и очень тихо промолвил:

– Ну, что ж?.. Уезжайте себе с Богом... Справлялись без вашей помощи до сих пор, справимся и до конца...

Последнюю фразу он пробурчал едва внятно, отвернувшись к окну, будто бы рассматривал на свет склянку с микстурой, и тут же прибавил:

– Прикажите переменить! Она застоялась... Лучше брать свежую, каждый день.

Госпожа Молохова между тем тот час же приняла к сведению новое положение дела, шумно встала и вышла, чтобы сделать распоряжения.

Когда мачеха вышла из комнаты, Надежда Николаевна, что-то усердно складывавшая на диване, какое-то бельё или платье больной, вдруг разогнулась и с улыбкой посмотрела на доктора.

– Вы заставили меня поступить против совести, – сердито сказал он. – Честно ли это одобрить?.. Какая мать может позволить себе оставить больного ребёнка?!.

– Такая именно, которой присутствие ему не приносит никакой пользы, – тихо сказала Надя. – Зачем её стеснять и детей подвергать опасности?.. Бог с ней!.. Пусть себе едут, а я, по правде сказать, этому буду и за себя рада.

– Чего тут радоваться? – буркнул Антон Петрович. – Одиночеству?.. Ответственности?

– Ответственность – вы со мной разделите. Я ведь только послушный инструмент в ваших руках... А одиночества я не боюсь: общество, если оно мне не по душе, для меня гораздо неприятней, – прибавила она с печальной улыбкой. – Да я и не буду одна: Маша Савина целые дни тогда будет со мной.

– Ох! Все бы вам по душе.. А много ли задушевных-то людей найдётся? – сам особенно задушевным голосом сказал Антон Петрович, поглаживая её руку в своих.

– А вот вы самый задушевный у меня человек, – лукаво заметила девушка.

– Гм! Гм!.. – крякнул доктор и тот час же, нахмурившись, распрощался, посоветовав ей не забывать каждый день выходить прогуляться.

Молоховы уехали в деревню все, кроме Нади и Клавы. С первого же дня их отъезда, как и говорила Надежда Николаевна, Савина стала проводить все свободные часы у подруги. Эта подмога была как раз кстати, потому что Клавдия, выздоравливая, была ужасно требовательна и капризна, а сестра её выбилась из сил и, вместе с физической слабостью, следствием усталости от неправильной жизни и продолжительного недостатка сна, явился упадок нравственных сил. Смерть маленького Вити с новой силой воскресила в её воспоминании Серафиму, её последние дни, её несбывшееся желание – видеть расцвет нового лета, ту самую зелень, те самые цветы, которые теперь всем били в глаза своей пестротой и изобилием. Бедные дети! Они не дождались их, а уж как бы теперь они были им рады! Как бы играли в тени этих развесистых деревьев в саду, как бы забавлялись роскошными цветами на клумбах!.. Здесь все раздражало горе Надежды Николаевны, напоминая о потерянных сестре и брате, – об этом, всегда веселом, толстом мальчугане, которого она при жизни как-то мало замечала, а теперь не могла себе простить этого равнодушия и того, что она не обратила вовремя внимания на начало его болезни. Это ее мучило несказанно. Она положительно обвиняла себя в смерти ребенка, как ни старался ее разуверить в этом доктор.

О переезде в деревню Надя не могла и думать. Она шагу там не сделает, не вспомнив, как наслаждалась бы этим Фима, и как она, бедняжка, страдала здесь без неё прошлым летом, тогда как, если бы не эгоизм её, если б она поехала с ней в деревню, так, может быть, её болезнь не развилась бы с такой силой, ее можно было бы вылечить, и теперь она была бы жива, могла бы пользоваться ясным Божьим светом вместо того, чтоб лежать в могиле, рядом со своим бедняжкой, недолго ее пережившим, братом...

Все это было просто сильное нервное расстройство. Антон Петрович все это знал и не особенно тревожился. "Молодость и природное здоровье скоро осилят это временное страдание", – думал он и возлагал все надежды в этом случае на возвращение генерала и их поездку за границу. К тому же, зная с детства прекрасное здоровье Надежды Николаевны, ему не приходило в голову, что нравственное расстройство и её, как всякого другого человека, должно было сделать восприимчивее ко всякой болезни...

Оспенные нарывы Клавдии сходили; благодаря заботам сестры, никогда не дававшей ей возможности трогать лица, на нем не осталось ни одной рябинки. Период шелушения, как известно, самый опасный для окружающих больных сыпными болезнями. Доктор предупреждал об этом Надю и просил ее быть осторожной и всегда вымываться уксусом и курить им в комнатах. Кроме того, он нс позволял ей спать возле Клавдии, но этого она не исполняла: ей было жаль девочки, умолявшей не оставлять ее и, к тому же, она не верила заразе. Через неделю или дней десять, Клавдии уже можно было ехать в деревню, но Надя мечтала отправить ее туда с няней, а самой уж не ездить: зачем, когда уж был конец июня, и отец её должен был на днях вернуться?.. Он писал своей старшей дочери всегда отдельно от жены и часто телеграфировал. В последнем письме он говорил, что надеется к десятому числу быть дома.

Но еще не наступил желанный июль, как в одно утро Надежда Николаевна проснулась с сильной головной болью и ломотой во всех членах. Мысль о болезни никогда ее не тревожила; она встала, как всегда, и только решила, что сегодня надо непременно прогуляться после обеда, чтоб расходить головную боль. Так она сказала и Маше Савиной, когда та пришла к ней, по обыкновению, в полдень.

— Мы с тобой, как жар спадет, сходим сегодня на кладбище. Мне надо посмотреть, как идут посаженные на той неделе цветы.

— А мне кажется, если уж гулять и для здоровья, так совсем не надо ходить на могилки, — возразила Маша. — Там тебе лучше не станет; уж лучше просто прогуляться за город...

— Не в сад ли прикажешь?.. Музыку слушать и со знакомыми развлекаться? — раздражительно прервала Надя. — Кроме кладбища, я никуда не пойду!

— Как хочешь; я для тебя же...

Савина замолчала, не без удивления заметив её раздражительность. Доктор теперь наведывался к ним не каждый день; выходя из дому, они с ним повстречались на подъезде. Он был очень озабочен и спросил торопливо:

— Ну, что, как?.. Хорошо?.. Гулять идете?.. Ну, отлично. Так уж я не зайду... До завтра.

— До завтра, Антон Петрович! Клаве сегодня совсем хорошо. Она ела бульон и цыпленка и еще просила сладкого. Я ей велела сделать желе. Можно?

— Можно. А?.. Просила кушать?.. Это хорошо, — улыбаясь, говорил доктор, направляясь к своим дрожкам. — Значит, к своим нормальным вкусам возвращается? Это хорошо...

— Клавдии хорошо, — собралась с духом заметить Савина, — но посмотрите, Антон Петрович, на Надю... Мне что-то кажется ей не ладно...

— Что-с? — быстро обернулся доктор. — Кому не ладно? Вам, Надежда Николаевна?

— Ах, какие пустяки! — укоризненно вскричала Молохова. — Ну, что ты городишь, Маня! Просто, я сказала ей, что у меня голова болит, а она уж и Бог знает, что сочинила.

— А нет, в самом деле?.. Дайте-ка руку... Постойте! Куда вы бежите?.. Ах, беспокойная, ах, своевольная какая!..

— Да, уж не вам меня укрощать! — засмеялась Надя, убегая от пытливого взгляда доктора и его протянутой руки, готовой взять её пульс.

Сделай он это — все бы ограничилось, может быть, легкой болезнью; но молодая девушка так быстро увернулась и, замахав на него руками, так искренно рассмеялась, что озабоченный, спешивший к опасным больным доктор только покачал головой и, проговорив:

— Ну, смотрите! Уложу я вас, чуть что, в постель, до возвращения

Николая Николаевича! – поехал себе дальше, никак не думая, что его пожелание так скоро сбудется.

Девушки пошли за город, на кладбище.

Вечер был облачный, но очень тихий. Кладбище было красивое, на высоком берегу реки. Осмотрев цветы, посаженные вокруг общего памятника детей, посидев на скамеечке у могилы и не чувствуя облегчения, Молохова предложила пройтись к краю обрыва.

Савина следила давно с беспокойством за воспаленными глазами подруги, за необыкновенным её лихорадочным оживлением и несколько раз предлагала вернуться домой, пугая тяжелыми тучами, надвигавшимися с запада. Но Надей овладел дух упрямства, а Савина к тому же не противоречила ей слишком решительно, боясь её раздражать. Надя сняла шляпу; ей хотелось, чтоб ветерок обвевал её горячий лоб, но в воздухе не было ни малейшего движения, напротив: чем более небо заволакивалось, тем становилось тише и душнее. Они посидели на выступе берега, а потом Надя легла на высокую траву, доложив голову на маленький надгробный памятник, вполовину ушедший в землю, и промолвила:

– Славно тут!.. Тихо... Иногда, право, так и тянет полежать вот так...

И она сложила руки на груди, закрыв глаза и вытянувшись.

– Это глупые шутки и бессмысленные слова, Надя! – с неудовольствием возразила Савина. – Перестань!.. Все успеем там належаться, а таким, как ты, надо думать не о смерти, а жить как можно дольше.

– Жить?.. Кабы так жилось, как хочется!

– И это пустые слова; кому живется, как хочется? Нет таких людей... Тебе лучше, во всяком случае, жить, чем многим, чем огромному большинству. Пожалуйста, не выдумывай хандрить!..

– Я?.. Хандрить!.. Вот уж вздор!.. Нет, душа моя. Я иногда могу побалагурить вздор; пожалуй, и в самом деле погоревать, если, как теперь, печаль на сердце заведется, а уж хандрить да скучать – спасибо! Таких слов в моем лексиконе не полагается. Вот, когда бы я себя навеки несчастной сочла, если б ко всем удовольствиям жизни я бы еще приобрела милую способность скучать... Не дай Бог! Ты знаешь, как я терпеть не могу это бессмысленное, унизительное, по-моему, чувство в других...

Надежда Николаевна протестовала с необычайным, собственно говоря, не стоившим дела, жаром. Она говорила скоро и долго, смотрела по сторонам как-то беспокойно. Странные манеры её и вид не на шутку начали пугать Савину. Она заметила на лице и руках Молоховой какие-то неровности, красные пятна. Прежде у неё не было этих пятен...

129

– Ну, право же, Надечка, ты нездорова! – говорила ода несколько раз. – Право, пойдем лучше...

– Вздор! Ну, что ты заладила: пойдем да пойдем! Я рада, что вырвалась на свежий воздух из больничной комнаты, рада подышать вольным воздухом... Какое там нездоровье! Голова, правда, болит и глаза что-то режет; да ведь головная боль скорей пройдет на свежем воздухе, чем дома... Ах, как хорошо! Ведь это же прелесть, как пахнет сеном. Ты чувствуешь? Это из-за реки, с лугового берега... Там стога, покосы... И как это красиво, это солнце там, вдали... Погляди!

Она с наслаждением втягивала в себя воздух, пропитанный ароматами лугов, и показывала за реку. На том берегу было очень живописно. Солнечные лучи прорвались сквозь густые тучи и, как золотые стрелы, прорезав наискось воздух, вонзались в землю, играя на зелени, мимоходом задевая вершины деревьев, стога сева, озлащая береговой кустарник и дальние нивы. Янтарем, изумрудом и пурпуром горело все, к чему прикасались лучи по берегам; яркой бирюзой отливала под ними спокойная река, и все эти яркие пятна, все это волшебное освещение выступало еще красивей по сравнению с однообразно-серой пеленой, затянувшей все окрестности и все небо.

Надежда Николаевна стояла под руку со своей подругой и любовалась, восхищаясь этой необыкновенной картиной, как вдруг что-то отрывисто зашлепало по траве и широкому лопушнику. Савина огляделась: это были крупные капли дождя. Свинцовая туча подкралась к ним сзади и висела над их головами...

– Ах, ты Господи! – вскричала она. – Вот и дождались!.. Что теперь делать?!.

– А что такое? – равнодушно спросила Молохова.

– То, что сейчас будет страшный ливень! Ты промокнешь и простудишься... Пойдем поскорее!..

Они побежали. Дождь, точно приноравливаясь к их поспешности, тоже зачастил. Савина чувствовала, что Надя с трудом переводит дыхание, все сильнее опираясь ей на руку, и все замедляет шаг, приставая, будто на ногах у неё привязаны свинцовые гири. Она боялась остановиться, боялась взглянуть на нее, чтобы не убедиться, что она не может идти. Все её помышление стремились только к сторожке, где можно было приютиться и послать за извозчиком.

"Если дождь будет сильным, заедем к нам, – думала она, – к нам здесь близко. Возьмем зонтик, платки... Ведь, вот, напасть! Я уверена, что она заболеет... И как это я не приметила, как подошла эта туча?!."

Дождь усиливался. Становилось очень скользко, а сторожка была еще довольно далеко. Вдруг Савина увидела впереди какую-то фигуру под большим дождевым зонтиком, которая быстро шла им навстречу. Человек с зонтиком часто останавливался, осматриваясь. Вдруг, завидев их, он добежал к ним. Маша Савина узнала своего брата.

– Паша, – закричала она, – сюда! Скорее!.. Вот, спасибо!.. Как ты узнал? Кто послал тебя?..

– Никто меня не послал. Я давеча из дому видел, как вы шли, и думал, что, верно, сюда. Ну, а как дошел дождь, я и подумал: как же теперь Надежда Николаевна, – вымокнет, пожалуй!.. Вот, схватил – и побежал.

Павел едва переводил дух, но улыбался, пока не взглянул на спутницу своей сестры. Взглянув, он вдруг перестал улыбаться и, передавая ей зонтик, вопросительно посмотрел на сестру.

На горевшем лице Надежды Николаевны, в её сдвинутых над отяжелевшими веками бровях, в губах, полуоткрытых, но болезненно прижатых к зубам, как это бывает у людей, с величавшим трудом справляющихся со своим дыханием, – все в ней ясно выказывало ненормальное состояние, болезненное страдание. Савина тоже взглянула на подругу и отчаянно пожала плечами.

– Ты устала, Наденька? – спросила она. – Опирайся на меня крепче... Теперь нам можно идти потише, под зонтиком...

– Да, – как-то безучастно отвечала Надя, – Потише... Пойдем... Хорошо...

Павел молча взял ее под руку с другой стороны, бережно закрывая ее одну зонтиком, и так они вдвоем довели ее, с величайшим трудом, до избушки кладбищенского сторожа и там усадили на лавке. Тогда Павел побежал за извозчиком, и только чрез добрый час привезли они ее, под сильным ливнем, домой.

Глава XXII

Долг платежом красен

Едва Маня сняла с неё бурнус, как она упала на диван, в обмороке. Савина, вместе с горничной и няней, раздела ее и уложила в постель. Она вся горела, а когда приехал доктор, за которым, никого не спросясь, побежал Павлуша, то застал ее уже без памяти. Лицо её и веки ужасно распухли и покраснели и по всему телу её были красно-багровые, бугристые пятна. Доктор так и всплеснул руками, увидав, в чем дело.

– Этого ещё недоставало! – вскричал он. – Что теперь делать?.. Одна в целом доме; отец еще когда вернется... Надо телеграфировать... Вот напасть!

– Да что у неё такое? – со страхом спросила Савина.

– Что такое?.. Оспа, чистейшая оспа-с!.. Если боитесь заразы, извольте немедленно уходить.

– Я-то уйду ?! – воскликнула Савина. – Напротив, теперь я здесь Поселюсь.

Доктор нервным движением поправил очки, посмотрел на Савину и сказал:

– Что ж, это, пожалуй, будет хорошо... Только предупреждаю вас: это серьезная болезнь... Заразиться – не шутка!

– Это – как Богу угодно, а если болезнь серьезна, тем более причины мне её не оставлять: другие, может быть, побоятся.

– Да, может быть, – согласился Антон Петрович, садясь за стол – прописать рецепт и составить телеграмму Софье Никандровне.

Как глубоко возмутило Софью Никандровну известие о болезни Надежды Николаевны! Что за несчастье легло на семейство Молоховых?.. Опять болезнь, – серьезная, прилипчивая! Только что было успокоились, ожидали ее с Клавой сюда – и вот опять новое беспокойство, новая опасность, новое горе!.. Как же быть? Ехать самой к ней? Очевидно, телеграмма на это и рассчитана... Но зачем ей ехать? Чем она может оказать помощь, со своими несчастными нервами? Только еще сама заболеет и больше ничего. Какая польза Наде в том, что она себя подвергает опасности?..

Госпожа Молохова еще раз прочла телеграмму: "Надежда Николаевна больна серьезно. Нужен уход. Меньшую дочь возьмите в деревню немедленно".

Да, ясно, что болезнь прилипчивая, иначе доктор не требовал бы немедленного удаления Клавдии, которую он думал продержать с неделю в городе. Необходимо за ней съездить... Неужели самой? Но если она не может?.. Если она... Больна?.. Да, конечно, она нездорова! Совершенно разбита и больна сама так, что не в состоянии ехать, решительно не в состоянии. Она пошлет гувернантку за дочерью, а потом, быть может, съездит и сама... M-lle Наке узнает, чем именно больна Надя... Тогда – "Посмотрим!" – заключила свои размышления Софья Никандровна и отправила ответную телеграмму: "Не жалейте расходов. Возьмите лучших сиделок. Приехать не могу. Больна. За Клавдией посылаю гувернантку".

В мелкие кусочки изорвал Антон Петрович на другой день эту телеграмму.

– Мать, – ворчал он. – Хотя бы из благодарности... Да ну ее!.. Все равно только бы мешала. Еще Савина, пожалуй, сбежала бы от неё, а она понужнее будет для больной.

Доктор всегда любил сердечно Надежду Николаевну, зная ее с самого детства, но теперь относился к ней с совершенно отеческой нежностью.

Тяжелое время пережили они вдвоем с Машей Савиной, да и вся семья её вместе с ними, пока они оба неотходно ухаживали за одинокой девушкой, зараженной злым недугом. К несчастью, Надежде Николаевне привита была оспа только раз, в раннем детстве, а потому она была тяжко больна настоящей, а не ветряной оспой. Девять дней она была на краю могилы. Девять дней молодость и все лучшие врачи в городе оспаривали ее у смерти. Девять дней и ночей Маша Савина не отходила от изголовья своей подруги, сестры своей по душе... Антон Петрович оставил почти всю свою практику и мало чем более Савиной отсутствовал из опустелого дома Молоховых. На его денное дежурство только и полагалась Савина, чтобы прилечь отдохнуть часа на два, и снова являлась ему на смену, уверяя, что отдохнула, освежилась и вполне готова служить больной. Доктор любовался неусыпной энергией в таком, с виду слабом, создании. Не раз он бывал в продолжение многолетней его практики свидетелем высоких подвигов любви к человечеству, но сознавал, что ему не приходилось еще видеть такой изумительной силы любви, какая подвигала эту девушку ухаживать за больной подругой без отдыха и сна и находить в себе во всякую данную минуту готовность на всякие подвиги и самопожертвование, лишь бы могла она послужить в пользу Надежды Николаевны. Мысль о личной безопасности, которой мучилась за нее мать её, ей самой и в голову не приходила. Своих домашних она берегла: почти не виделась с ними все четыре недели, которые продежурила над больной; во когда раз маленький брат проговорился, беседуя с ней издали, из саду, тогда как она стояла на балконе, что мать очень горюет, что она заразится оспой, Маша пристыдила их:

– Как не горевать! – сказала она. – Большая потеря, что такая красавица рябой станет!.. Небось, и с рябинами проживу на свете, благодаря милости той же Надежды Николаевны! Она, дорогая моя, ничего не боялась: никаких огорчений, никаких неприятностей, когда за меня работала на вас, или когда дни целые просиживала над больным Пашей... А мне теперь её болезни бояться?!. Да я бы на свет после этого стыдилась смотреть!..

На десятый только день Молохова стала немного спокойнее, пришла в себя и тихо позвала:

– Кто здесь?... Отчего темно?.. Что со мной?..

Савина чуть не закричала от радости. Сдерживая свой голос и слезы, она наклонилась к подруге и прошептала:

– Лежи смирно, милая... Ты была очень больна. Теперь лучше, слава Богу... Только будь спокойна, ради Бога. Не трогай лица.

– Лицо?.. Зачем меня закрыли?.. Откройте мне лицо, глаза...

– Глаз ты не можешь еще открыть: они опухли у тебя. Но теперь скоро откроешь. Тебе еще нужна темнота, чтобы после глаза не болели...

– Ах, зачем это мне?.. Зачем темно?.. Мне душно... Откройте окно! Кто здесь?.. – заволновалась больная, к крайнему ужасу Савиной.

Она боялась, чтобы Надя не сорвала бинтов, не повредила себе лица, еще не очистившегося от язв. Теперь, когда самая тяжкая опасность миновала, когда надежда на восстановление здоровья подруги утвердилась, Савина захотела во что бы то ни стало спасти не только жизнь её, но и красоту. До сих пор, пока она была в беспамятстве, не трудно было уберечь её лицо, бинтуя ее почти как ребенка, но теперь, когда наступило время полусознания, становилось гораздо труднее уберечь ее от самой себя...

К успокоению Савиной, её подруга скоро утихла и забылась продолжительным спокойным сном, какого давно у неё не бывало. После этого отдыха она проснулась уже в полной памяти, и хотя силы её возвращались очень медленно, но опасность миновала. Антон Петрович и его неусыпная помощница могли, наконец, вздохнуть спокойно.

"Не могу быть дома ранее нескольких дней. Как здоровье Нади? Отвечайте правду". Такова была телеграмма, полученная доктором в конце второй недели июля от генерала Молохова, но сколько душевной муки скрывалось под этим простым вопросом – никто не мог догадаться.

Дело в том, что Молохову доктор не дал знать о болезни дочери, не зная точно его адреса; а жена не писала, чтоб не тревожить Николая Николаевича. Вынужденная ответить прямо на его настойчивые телеграммы, Софья Никандровна только что известила его о том, что "Наденька была больна, но теперь, слава Богу, поправилась". Генерал поспешил покончить все свои дела и выехал в тот же день, но на пути он был задержан все тем же делом, по которому послан был в командировку, и поневоле замешкался.

С каким удовольствием доктор успокоительно отвечал на его телеграмму – можно себе представить. В тот же день он поехал к Надежде Николаевне с известием о скором приезде отца. Он застал девушек, занятых чтением, то есть Молохова по-прежнему лежала в темной комнате, но Савина, подсев к самому окну, оставила маленькую щелочку в ставне и при свете её читала ей что-то.

– Ну-с, за ваше хорошее поведение, я принес вам приятное известие, – начал доктор, обращаясь к больной.

– Что такое?.. От папы, да? – встрепенулась Надя. – Вот, мне сейчас прислали из деревни три письма от него. Он думал, что я уже там; не знал, видно, что я больна!.. Что же, что ж он пишет?

– Он телеграфирует, что через несколько дней будет дома. Вот телеграмма; нарочно для вас захватил.

– Слава Богу!.. Теперь только бы мне скорее поправиться, чтоб не задержать его. Я так боюсь, что ему нельзя будет меня ждать... Как вы думаете, Антон Петрович, долго мне еще нельзя будет ехать?

– Теперь летняя пора, недельки через две – и поезжайте с Богом.

– А если ему нельзя будет ждать? – волновалась Надя. – Ведь вы знаете, он едет по казенному поручению, не для своего удовольствия – и вдруг ему скажут, что ждать нельзя, что надо сейчас же ехать?..

– Не беспокойтесь, никто этого не скажет. Николай Николаевич волен выехать, когда ему удобнее, а свою дочку балованную он подождет не то что две недели, а хоть два месяца, если бы пришлось.

– Да ведь он сам же тебе пишет, что ему надо только поспеть вернуться к ноябрю, – сказала Савина, – что ж беспокоиться? Во всяком случае, два-три месяца перед вами; успеешь покататься.

– Еще захочет ли папа катать по Европе такую рябую кукушку.

– Рябую?!. – воскликнула Маша. – Что за вздор! Да у тебя и следа ряби на лице не останется.

– На то мы вашим рукам воли не давали, пока вы были без сознания, – засмеялся доктор. – Еще я церемонился: ну, как же так барышню обижать? Ручки ей связывать, словно грабительнице, думаю, а вот эта ваша подруга – прекрепко полотенцем вас связывала, право!

– А кто меня надоумил? Кто первый это велел? – отшучивалась Савина. – Я до того перепугалась, голову потеряла, что и сообразить-то ничего не могла, только и думала об одном: чтоб ты жива была, а вот

Антон Петрович не забыл ничего... Если ты не обезображена, можешь его благодарить...

– А если вы теперь с нами беседуете, а через месяц будете нам с ней письма из Парижа писать, так не меня, а вот эту барышню должны благодарить, – прервал доктор. – Мы, доктора, ничего без неё не поделали бы! Вас не лекарства, а неусыпный уход спас, Наденька. Так-то! Надо правду сказать: у неё, Бог милостив, не будет ничего, но она сознательно, ни минуты не колеблясь, готова была за вас всю жизнь положить.

– Бог с вами, Антон Петрович! Что тут такого? У вас в больницах сестры милосердия всякий день то же самое для совершенно посторонних делают. Уж будто всем надо заражаться!

– Не надобно, но можно заразиться, и очень легко, – сказала Надежда Николаевна, глубоко растроганная. – И вот видишь, какая я гадкая эгоистка! – прибавила она, сжимая руку своей приятельнице. – Теперь я сознаю, что делаю; мне бы надо гнать тебя, а я вот держу тебя при себе...

– Да если б ты и не держала, я бы сама не ушла, – прервала Савина. – я дала себе слово, что сдам тебя Николаю Николаевичу, и больше никому; так и сделаю. Я ведь тоже держу свои обещания и нарушать их никому не позволю...

– А разве кто-нибудь повинен в таком посягательстве? – с удовольствием покуривая, спросил доктор.

– Нет... Это раз Надя меня упрекала. Я запомнила её фразу навсегда. Помнишь?.. "Кто посягает на исполнение чужого слова, тот сам своих обещаний в грош не ставит!" – напомнила она её слова.

– О, я никогда этого не делала, ты не можешь в этом упрекнуть меня, Маня!.. А вот, я теперь тебе докажу, что и у меня память хорошая! Кто говорил мне когда-то: "Долг платежом красен, а с меня какой платеж?".. Помнишь?.. И не права ли я была, когда отвечала тебе: "Почем ты знаешь, что я от тебя потребую? Может быть, тебе придется во сто раз больше воздать мне". А что?.. Не по-моему вышло?.. Я тебе никогда не жертвовала жизнью или здоровьем, как ты теперь готова была пожертвовать мне... Видишь!

– Видим, барышня, видим! – произнес доктор с особым выражением, которое он старался сделать насмешливым. – И слышим также, что уж вы чересчур много и храбро разговорились: не мешало бы поберечь себя, ради папашиного приезда, – да-с!.. А не то к вечеру еще жар усилится, ночь будет беспокойная, и как раз приедет Николай Николаевич, чтобы мне выговор сделать за то, что я его обманул, похвастался вашим выздоровлением раньше времени.

– Я молчу, молчу, – улыбаясь, прошептала Надя.

– То-то же!.. Помощница моя, извольте отложить личные счеты до более удобного времени и принять построже бразды правления над нашей пациенткой. Еще с недельку ухода – и тогда Бог с ней: пусть на свою волю идет на все четыре стороны и нас не поминает лихом за то, что мы плохо ее выходили.

И доктор уехал в отличном расположении духа, а девушки, хотя Савина в начале и принялась было снова за чтение, но скоро закрыла книгу, увлекшись беседой, в которой главную роль играли не столько мечты и предположения о будущем, сколько общие их гимназические воспоминания. Известно, что в первые годы по окончании курса ничего не бывает приятней для молодежи, как такие воспоминания. Издали, когда весь искус окончен, преоборены все трудности, разрешены недоумения, отравлявшие ученические годы, – даже беды и неудачи того времени представляют привлекательный интерес, утрачивая все, что было в них горького. Все же, сколько-нибудь приятное – удачи, веселье, смешные или забавные происшествия – представляется неиссякаемым источником приятнейших воспоминаний.

Такими-то воспоминаниями Савина умела с удивительной находчивостью постоянно забавлять больную, поддерживать её хорошее расположение духа во время продолжительного её затворничества в темноте и невольной неподвижности. Эта неподвижность особенно тяготила деятельную, всегда живую молодую девушку, когда её болезненная слабость прошла, и она почувствовала возвращение сил и прежней энергии. Это случилось почти одновременно с возвращением отца её, через четыре недели после первого дня её болезни. Описывать радость свидания отца и дочери, глубокое чувство признательности, с каким генерал отнесся к доктору и в особенности к подруге своей дочери, которой она, по свидетельству Антона Петровича, была обязана жизнью больше, чем ему самому, – мы не станем.

Теперь мы расстанемся с Надей и отцом её. Пусть себе благополучно путешествуют, сил и знании набираются, на пользу себе и другим, их окружающим. Они выехали в начале августа. Перед отъездом генерал съездил на два дня в деревню проститься с семьей, но Наденька с ним не поехала: Антов Петрович решил, что это лишнее, что лучше ей еще поберечься несколько деньков перед путешествием. Зато отец привез ей оттуда множество поцелуев, поклонов в три письма: от мачехи и гувернантки, в которых, хотя выражалось много пожеланий, благодарностей от Софьи Никандровны и восторженных похвал её "героизму" от m-lle Naquet, но все же было еще больше поручений в парижские магазины от той и другой; а также пребольшое, премилое и пребезграмотное письмо от Клавдии, которая просила её не забывать, писать ей почаще и купить для неё в Париже и Лондоне что-нибудь особенное, – какое-нибудь такое лакомство, какого в России нет, "на пробу", для того, чтоб ей только "знать, чем маленькие англичане и французы лакомятся?" Это письмо насмешило Надежду Николаевну.

– По крайней мере, верна себе, – сказала она Савиной. – Цельная натура и искренняя; совсем бы хороший человечек, если б не такая ужасная лакомка!..

– Это пройдет с летами, – заметила Савина. – Особенно, если ты ею займешься, а она этого, право, стоит: добрая девочка, такая благодарная и правдивая!.. Если б ты слышала, как она упрашивала не отправлять ее в деревню, позволить ей за тобой смотреть... Хорошая девочка!

– Да, – вздохнув, отвечала Надя, – я была бы очень рада, если б то же можно было сказать о двух старших.

Через два дня после этого разговора Надежда Николаевна и Николай Николаевич Молоховы благополучно отбыли на три месяца за границу.

Наши подруги расстались временно, но, конечно, и в последующей жизни они всегда останутся верны друг другу как в горестях, так и в радостях, несмотря на всю разность их среды и обстановки.

Содержание